JN068020

Trusting NUDGES

データで見る行動経済学

全世界大規模調査で見えてきた
「ナッジ(NUDGES)の真実」

キャス・サンスティーン+ルチア・ライシュ 著
大竹文雄 監修・解説 遠藤真美 訳

日経BP

いまは亡き二人の父に捧げる

解説

ナッジが備えるべき条件

大阪大学大学院経済学研究科　大竹文雄

1．ナッジとは何か

ナッジと呼ばれる政策手段が世界各地の政府で注目を集めている。ナッジとは、「一人ひとりが自分自身で判断してどうするかを選択する自由も残しながら、人々を特定の方向に導く介入」である。ナッジにはさまざまなものがあるが、大きく、情報提供型ナッジとデフォルト設定型ナッジに分けられる。

(1)　情報提供型ナッジ

コンビニでレジに顧客が一列に並ぶように、レジの前の床に足跡の絵を描くのはナッジの例だと言える。顧客に対して何も強制していない。顧客は床のデザインを見て自発的に並んでいる。「レジの前に一列に並んでください」と表記するのも足跡が並んでいる絵を床に描くのも同じ情報提供であるが、その表現の方法が異なる。情報を提供するだけではなく、情報提供の方法、文章、デザインを工夫することでよりよい方向に意思決定を変えていくものがナッジである。

どのような表現に私たちの意思決定が影響を受けやすいかは、心理学や行動経済学で、ある程度知られている。私たちのそのような特性を利用したナッジは「情報提供型ナッジ」と呼ばれている。

人々に情報提供をする、あるいは情報提供することを義務づけるという単純なナッジでも、人々の行動が変わることがある。たとえば、ファストフードレストランのメニューでカロリー表示を義務づけるとか、タバコのパッケージに健康警告画像を表示することを義務づけるというのは、情報提供型のナッジである。また、同じ情報であっても、私たちはその表現方法（フレーミング）で意思決定が変わる傾向をもっている。

損失を強調した表現によって、私たちの意思決定が変わる例を示してみよう。

ある手術を行うかどうかについて、次の情報が与えられたとき、あなたは手術をすることを選択するだろうか。

A 「**術後1ヵ月の生存率は90％です**」

では、次の情報が与えられたときのあなたの選択はどうだろう。

B 「**術後1ヵ月の死亡率は10％です**」

医療者にこの質問をした場合に、Aの場合なら約80％の人が手術をすると答えたが、Bの場合なら約50％の人しか手術をすると答えなかったという研究がある。[1] AもBも情報としては、同じ内容である。しかし、損失を強調したBの表現の場合には、手術を選びたくないと考えるのである。

このタイプのナッジが日本でも用いられた例がある。八王子市は大腸がん検診の受診勧告のダイレクトメールに、次の二つのタイプのものを用いた。[2]

一方のグループのキットには、「今年度、大腸がん検診を受診された方には、来年度、『大腸がん検査キット』をご自宅へお送りします」という利得メッセージが記されている。もう一方のグループのキットには、「今年度、大腸がん検診を受診されないと、来年度、ご自宅へ『大腸がん検査キット』をお送りすることができません」と損失メッセージが記されている。利得メッセージを受け取ったグループで、実際に受診した割合は22・7％であり、損失メッセージを受け取ったグループでは29・9％であった。つまり、論理的には同じ内容の情報提供メッセージであっても、表現方法で人々の行動が変わるのである。

情報提供型ナッジには、社会規範を用いるものもある。たとえば、臓器提供を呼びかける際に、「臓器移植が必要になったとき、あなたは臓器を提供してもらいますか。もしそうなら、あなたも人を助けよう」といった互恵性に訴えるメッセージや「すでにたくさんの人が臓器提供の意思表示をしています」という同調性に訴えるメッセージを使うのである。

(2) デフォルト設定型ナッジ

デフォルト設定もナッジの一つである。デフォルトとは、何も明示的意思表示をしていないときにみなされる意思決定のことである。

最高裁判所裁判官国民審査では、審査を受ける裁判官の氏名のところに×を記入した場合に「その裁判官を辞めさせたい」という意思表示になり、何も書かなければ「その裁判官を辞めさせたくない」という意思表示をしたとみなされる。つまり、この場合は、裁判官を信任するという意思決定がデフォルトになっている。

脳死状態になった場合の臓器提供の意思表示も、「臓器提供の意思なし」が日本でのデフォルトである。フランスやオーストリアでは、「臓器提供の意思あり」がデフォルトになっている。

日本では公的年金に加入することは義務となっているが、iDeCo（イデコ）という税制上の優遇措置がある個人型確定拠出年金は任意加入である。能動的にiDeCoへの加入申し込みをしないかぎり、iDeCoに加入できない。iDeCoへの加入はたしかに任意である。仮に、iDeCoに日本人は自動加入することになっているが、簡単に脱退できるという制度だったとしよう。この場合も、iDeCo

は義務ではなく任意加入だと言える。

両者の違いは、何も意思表示をしない場合の意思決定が、現行のiDeCoでは非加入とみなされるのに対し、自動加入制度の場合では加入とみなされることである。選択の自由は確保されているが、何も能動的選択をしない場合の意思決定が逆になるのである。

海外ではこのような私的年金制度への加入をデフォルト、すなわち自動加入にしている国がある。イギリスとニュージーランドがその例だ。

イギリスでは2008年に成立した年金法で、⑴「職域年金制度への自動加入化」、⑵「確定拠出型年金の導入を扶助する目的での公共機関（NEST）の設立」、そして⑶「確定拠出型年金におけるデフォルト運用方法の設定を義務化」した。つまり、確定拠出型年金への加入をデフォルトとする制度に大きく変更したのだ。

ニュージーランドでは、2007年にキウイセイバーという私的年金制度が設立され、新規雇用される18歳以上の被用者を対象に自動加入方式（希望者は脱退可能）が採用されている。イギリス、ニュージーランドとも、私的年金の加入者数が大幅に増加している。

加入や脱退の申し込みの手間が簡単であれば、デフォルトが何であれ、選択の自由は確保されている。自動加入型の私的年金では簡単な手続きで脱退できる。最高裁裁判官の国民審査ではデフォルトを変更する手間は×を記入するだけである。

ところが、デフォルトからの変更の手間がどれだけ小さくでも、私たちはデフォルトの選択を選ぶ傾向がある。現状維持を続けたいという気持ち、デフォルトを何らかの参照基準にしてしまいそこからの変更を損失と考える特性、デフォルトから変更しようとは思うがそれを先延ばししてしまう特性などが理由だ。行動経済学では、こうした特性をそれぞれ、「現状維持バイアス」「損失回避」「現在バイアス」と呼んでいる。

このように、ナッジは行動経済学の理論的な枠組みに基づいて、メッセージやデザインによって情報提供の方法を工夫したり、申請の仕方や選択肢の提示の仕方を工夫したりするものである。従来の行政手法は、法律を定めて法律を遵守しない人に罰金や刑罰を与えるという罰則か、税金や補助金という金銭的インセンティブを用いるというものが主流であった。これに対し、ナッジは大きな金銭的インセンティブや罰則を使わないで、人々の行動に影響を与える政策手段である。

2. 世界でも日本でも活用が進む

ＯＥＣＤ（経済協力開発機構）によれば、欧州・米国・豪州を中心に、世界で２００を超える組織・機関が公共政策にナッジを活用している。最も有名なのは、イギリスの行動洞察チーム（Behavioural

Insights Team／ＢＩＴ）である。ＢＩＴは２０１０年にイギリスの内閣府の中に設置され、２０１４年からは海外の政府との連携を行いやすくするために政府とＮｅｓｔａという慈善団体とが出資する組織になった。

日本でも２０１５年に環境省ナッジＰＴ、２０１７年４月に日本版ナッジ・ユニット（ＢＥＳＴ）、２０１９年２月に横浜市行動デザインチーム、２０１９年５月に経済産業省ＭＥＴＩナッジユニットなどが設置され、ナッジについての研究を行うとともに、さまざまな研究事例が紹介されている。厚生労働省もがん検診対象者に対して受診率向上のためのナッジを用いた解説ハンドブックを公表している。[3]

ナッジが政策担当者の注目を集める理由は、金銭的インセンティブを使わないため低コストであるというのが大きい。情報提供型ナッジであれば、企業に情報提供を義務づけるだけであり、デフォルト設定型ナッジであれば自動加入に関する法律を整備すればよく、こうした制度の実行には、税負担増を伴わない。

低コストであるというのは単に税金をそれほど使わないという意味だけではなく、ナッジを実施する行政コストも低いという意味もある。たとえば、申請書類の書式、広報メッセージ、通知文などを変更するのもナッジである。こうしたナッジは、法律改正を伴わなくても実施できるものが多い。逆に言えば、同じ法律や規制であっても、その表現方法に注意を払えば、政策効果を大きくできる可能性がある。

3．ナッジの問題点と世界各国の国民の態度

(1) ナッジの問題点

ナッジには問題点もある。それは、「選択する自由も残しながら、人々を特定の方向に導く介入」というナッジの特徴を知った人の中には、ナッジによって自分が政府に誘導されているようで嫌な気持ちになる人もいるということだ。

ナッジの中には、多くの人が反対するものもある。一方で、多くの人が支持するナッジもあるだろう。どのようなタイプのナッジなら人々は賛成するのだろうか。ナッジへの賛否には、同じ国でも違いがあるだろうか。また、同じナッジでも賛成率には、国による違いがあるだろうか。ナッジを政策に使う場合には、そのようなナッジに対する人々の好みや倫理的判断を知っておく必要があるだろう。

本書は、政策への使用を賛成されるナッジと反対されるナッジの特徴を世界各国におけるアンケート調査をもとに分析し、ナッジが備えなければならない条件を「ナッジの権利章典（第9章）」として整理したものだ。ナッジを政策に用いることを検討している政策担当者だけではなく、ナッジ

に警戒心をもっている人々にとって、本書は必読書である。

本書の著者のうちキャス・サンスティーン教授は、ハーバード大学の法学者であるが、ノーベル経済学賞を受賞したリチャード・セイラー教授との共著『実践行動経済学』（原題「Nudge」）の出版でナッジの提唱者として知られる。バラク・オバマ政権では行政管理予算局情報・規制問題室（OIRA）室長として2009年から2012年まで働き、アメリカの政策にナッジを活用した。また、もうひとりの本書の著者のルチア・ライシュ教授は、コペンハーゲン大学の行動経済学者である。消費者政策と健康政策に関わる行動経済学的研究で非常に多くの実績をあげているだけでなく、ドイツの政策にさまざまなアドバイスをしている。ナッジを実際の政策に応用してきた二人の著者は、ナッジに対するさまざまな批判に真剣に対応してきた。その成果の一つが、世界各国でのアンケート調査をもとにした本書である。

調査対象となった国は、アメリカ、ヨーロッパ（デンマーク、フランス、ドイツ、ハンガリー、アイルランド、イタリア、イギリス、ベルギー）、その他（オーストラリア、ブラジル、カナダ、中国、日本、メキシコ、ロシア、南アフリカ、韓国）である。この中で、日本はナッジへの賛成率が他の国よりも低めになっている点は興味深い。その理由は、日本では政府への信頼が低いことが原因だと推測されている。

⑵ アメリカでの結果

アメリカにおける調査結果は次のようにまとめられる。

第一に、大半のアメリカ人は、民主的社会が近年とりいれていることを真剣に検討しているナッジを支持している。第二に、選択アーキテクト（選択の枠組みの設計者）の動機に不信を抱くときや惰性や不注意のせいで市民の価値観や利益に反する結果になるかもしれないと不安を感じているときには、ナッジに対する支持が減る。

「チェーンレストランでのカロリー表示の義務づけ」という情報提供型ナッジには、アメリカ人の87％、「タバコのパッケージへの健康警告画像の表示義務づけ」にも74％が賛成している。「貯蓄プランへの自動加入」というデフォルト設定型ナッジにも80％が賛成している。「グリーン（環境にやさしい）エネルギー事業者の自動使用」というデフォルト設定にも72％が支持している。「運転免許を取得するときに、臓器提供をしたいと思うかどうか答えることを求める」というナッジも70％の人が支持している。

一方、デフォルト設定型ナッジでも、「デフォルトとして民主党支持者として登録されるが、共和党支持者か無党派層として登録したい人は、その意思を明示すればオプトアウトできる」というナッジは26％、「国勢調査では特に明記しないかぎり、人々はキリスト教信者であるものとされる」というナッジは21％、「税還付時には50ドルを赤十字に寄付するものとし、寄付したくない場合は、その意思を明示すればオプトアウトできる」というナッジは27％と賛成率が低かった。

情報提供型ナッジでも賛成率が低いものがある。「新しく選ばれた大統領が、自分の決定を批判するのは非愛国的であり、国の安全保障を損なうおそれがあると人々に説く啓発キャンペーンを行う」の賛成率は23％、「母親は家にいて小さな子どもの世話をするべきだと説く啓発キャンペーンを連邦政府が行う」は33％の賛成率である。

(3) ヨーロッパでの結果

ヨーロッパ6ヵ国（デンマーク、フランス、ドイツ、ハンガリー、イタリア、イギリス）の結果もアメリカと似ている。

「子どもの肥満を減らすための啓発キャンペーン」「わき見運転による死者・負傷者を減らすための啓発キャンペーン」「喫煙と過食をなくすための映画館での啓発キャンペーン」といった情報提供型のナッジの6ヵ国での平均賛成率は76・9％と高い。「カロリーのラベル表示」「塩分が非常に多い食品のラベル表示」などの情報提供の義務づけ型ナッジにも78・0％が賛成している。

「グリーンエネルギーの使用をデフォルトとすることを政府が義務づけ」については、どの国でも過半数の人が賛成しているが、「納税者が赤十字に50ユーロ（相当額）を支払うことをデフォルト」のように積極的同意なしに人のお金を取り上げるナッジでは、過半数の人が反対している。

ヨーロッパでの結果は次のようにまとめられる。第一に、いくつかの国ですでにとりいれられていたり、導入が検討されていたりするタイプのナッジについては、ヨーロッパでは大多数が支持している。なかでも、その目的が正当なものであるか、大半の人々の利益につながるか、価値観に合うと考えられるナッジの支持率は高い。一方で、「政府は明確な同意を得ないで人々のお金を取り上げてはならない」という原則と「政府は人を操作してはならない」という原則に反するナッジは拒否される。

ハンガリーとデンマークは、ヨーロッパ諸国の中では際立ってナッジに対する支持率が低い。このうちハンガリーは政府に対する信頼の水準が低いことで説明がつくが、デンマークについては説明が難しいという。

(4) 世界のさまざまな国での結果

世界のさまざまな国々（オーストラリア、ブラジル、カナダ、中国、日本、ロシア、南アフリカ、韓国）の調査結果では、大多数がナッジを支持しているが、日本は支持率が低い例外であるとされている。逆に、中国と韓国は賛成率が非常に高い。

これらの国は3つのグループに分けられる。健康と安全に関するナッジを大多数が賛成している「原則的ナッジ支持国」、圧倒的多数がほとんどすべてのナッジに賛成している「圧倒的ナッジ支持国」、過半数がナッジをおおむね支持しているがその水準が著しく低い「慎重型ナッジ支持国」である。日本は「慎重型ナッジ支持国」であり、ヨーロッパの国ではハンガリーと同じである。

日本で賛成率が他の国より低いナッジとしては、「健康によい食品かどうかを赤、黄、緑の交通信号形式で表示することを義務づける」という情報提供義務づけ型ナッジがある。日本以外の国では約80%の人がこのナッジに賛成しているが、日本では55%しか賛成していない。「グリーンエネルギーの使用をデフォルトとすることを政府が義務づけ」については、多くの国で8割を超える人が賛成しているが、日本では59%の賛成率である。「大規模食料品店に対し、健康によい食品を目立つところに陳列して、買い物客が手にとりやすくすることを義務づける」というナッジについては、日本以外の国では7割以上の人が賛成しているが、日本では47%しか賛成しない。「運転免許を取得するときに臓器提供をしたいと思うかどうか答えるように義務づける」というナッジでは6割から8割の人が賛成している国が多いが、日本はロシアと並んで47%しか賛成していない。「レジ周辺に菓子類を置かない」というナッジについては、日本以外の国では過半数の人が賛成しているが、日本では35%の人しか賛成していない。「公共機関のカフェテリア方式の食堂に肉料理を提供しない日をつくることを義務づける」というナッジに日本人は28%しか賛成しないが、日本以外の国では過半数の人が賛成している。なかでも中国では78%の人が賛成している。

日本人がナッジに対して賛成しないことについて、著者たちは政府への信頼が低いことが原因ではないかと推測している。ただ、日本人が外国人よりもナッジに強く反応する傾向があることを知っているからこそ、ナッジに対して慎重だという可能性もあると筆者（編集注：大竹氏）は考えている。

日本では、2020年2月からの新型コロナウイルス感染対策で、学校の休校、大規模イベントの自粛を政府が要請することで多くの国民が従った。同じことを達成するために、法律や命令によって都市を封鎖したり、移動を禁止したり、ハグやキスを禁止する必要がある国もある。

4．ナッジの権利章典とナッジへの誤解

著者たちは本書でのアンケート調査の結果から、ナッジが満たすべき条件を6つの「ナッジの権利章典」としてまとめている。

権利章典1　ナッジは正当な目的を促進しなければならない。
権利章典2　ナッジは個人の権利を尊重しなければならない。
権利章典3　ナッジは人々の価値観や利益と一致しなければならない。
権利章典4　ナッジは人を操作してはならない。
権利章典5　原則として、ナッジは明確な同意がないまま人からものを取り上げて、それを他人

に与えるようなものであってはならない。

権利章典6　ナッジは隠さず、透明性をもって扱われなければいけない。

いずれももっともなものである。税金・補助金や法律による規制であれば、それらを実施するためには、議会での審議という民主主義的な手続きを踏む必要がある。しかし、ナッジの中には、そのような政治的・行政的手続きを経ないでも実行可能なものもある。そのような場合こそ、政策担当者はこの6つの権利章典を厳守することが必要である。ナッジを政策に使う場合には、その効果検証を行った上で実施することが透明性確保の点で特に重要だろう。詳しい解説は、本書の第9章を読んでほしい。

ただし、著者たちは、ナッジが誤解されているが故に、支持されていないこともあるという。誤解されているポイントは7つある。

誤解1　ナッジは人間の行為主体性をないがしろにしている。
誤解2　ナッジは政府への過度の信頼がベースになっている。
誤解3　ナッジは目に見えない。
誤解4　ナッジは人を操る。

誤解5　ナッジは行動バイアスにつけこむ。
誤解6　「人間は不合理だ」というナッジの前提は間違っている。
誤解7　ナッジが機能するのは周縁の問題だけなので、大きな成果はあげられない。

いずれもナッジに対する批判としてよく目にする。しかし、こうした批判は、ナッジに対する誤解であることは、本書の第8章に詳しく説明されている。ナッジを政策に用いる場合には、こうしたナッジへの誤解に基づく批判が存在することを前提に、十分な説明を行っておくことが求められる。

多くの人に本書が読まれることで、ナッジが正しく活用されて、私たちの社会がよりよいものになっていくことを期待したい。

データで見る行動経済学◉もくじ

第2章

アメリカ① 調査結果のまとめ

第5章 ナッジに対する世界的な評価は定まっているのか?

第6章　ナッジの真実

第7章 教育的ナッジと非教育的ナッジ ——主体性からナッジを見る

第8章 ナッジについての7つの誤解

はじめに　行動経済学(ナッジ)を最も有効に活用する方法

「ナッジ」による政策——つまり、「行動情報を活用した政策」は、すでに世界各地の政府で導入されている。人間の本質とはどういうものか、そしてどのように考え行動するのかに関する新しい発見を踏まえて政策が立てられているということだ。こうした政策はその都度検証され、さらによりよく機能させる方法の研究が進んでいる。

では、それらの国々で暮らす人々は、「行動情報を活用した政策」をどのように考えているのだろう。そもそも賛成しているのか。

ロシア人とアメリカ人では意見が違うのか。もし違うなら、厳密にはどこが、どれくらい違っているのか。中国、日本、韓国の人々ではどんな違いがあるのか。オーストラリアとブラジルでは？　フランスとデンマークでは？　アイルランドとイギリスでは？　ハンガリーとドイツでは？

われわれ二人（キャス・サンスティーンとルチア・ライシュ）は何年もかけて、こうした疑問を探ってきた。これまで、次に示す18ヵ国に対して、全国規模のサンプル調査、あるいは地域ごとの調査を実施してきた。

アイルランド　アメリカ　イギリス　イタリア　オーストラリア　カナダ　韓国　中国　デンマーク　ドイツ　日本　ハンガリー　ブラジル　フランス　ベルギー　南アフリカ　メキシコ　ロシア

いうまでもなく、このリストで全世界を網羅しているとはいえないが、世界の主要国をある程度おさえることができた。

潤滑剤としてのナッジ・反発を生むナッジ

この調査では、その焦点を行動科学、より具体的には行動経済学に関心がある人から特に注目を集めている政策に絞って質問している。これによって世界の人々の考え方の違いを的確に比較できるようになるだろう。自由、厚生、信頼、パターナリズム（父権的温情主義。強い立場にある者が、弱い立場にある者の利益のために、本人の意志は問わないまま介入・支援すること）に関するさまざまな考え方を明らかにする助けとなるはずだ。

このような調査によって、国境を越えて意見が一致しているところ、国境をまたぐだけで意見に統計的に有意な差が生じるところが浮かび上がってくる。あるいは、国内における意見の違いや国同士での考え方の差がどうして生まれるのかについても、少し推測していくことができるだろう。

理想をいえば、できるだけ多くの政策について幅広い網羅的な質問をして、回答を得たいという気持ちはもちろんある。それでも、今回の焦点を絞り込んだアプローチによる調査を通して、より幅広い質問をするとどのようなことが明らかになるのかについても考えうる最初の手がかりを示せると思う。本書では、より幅広い調査・研究に続く第一段階として、右記の調査でわかったことを報告していきたい。

なお、本書の最終章では、結論に代えて、「いかなるナッジに対しても尊重されるべき、われわれの基本的な権利（ナッジの権利章典）」を提言する。

これは、本調査で明らかになったさまざまな国の人々の考え方についての発見を踏まえて、合理的に導き出されたものである。われわれのいう権利章典とは、司法的に執行できる権利のことではなく、公務に携わる者が尊重するべき一連の理念と権利であり、操作の禁止、人々の価値観と利益の尊重、透明性の確保の重要性、不正な目的のためのナッジ使用の禁止が盛り込まれている。

さらに、そうした権利章典の概略を説明する過程で、人間の自律性の本質やよりよい社会的厚生のあり方についても触れていくことになるだろう。

1

Why Public Opinion Matters

第1章｜ナッジ導入における「世論」の重要性

「ナッジ」とは何か？

ここ数年間、行動経済学の知見や行動情報を活用した政策、そして「ナッジ」に関する研究が次々に発表されている。

「ナッジ」とは、「一人ひとりが自分自身で判断してどうするかを選択する自由も残しながら、人々を特定の方向に導く介入」といえる。[1]

たとえば、リマインダーはナッジである（「明日は病院の予約が入っています」）。看板もそうだ（「工事中」）。GPS（全地球測位システム）付きのナビゲーション装置、デフォルトルール（何もしなければどのようになるかを定めているもの・初期設定）もナッジである。重要情報（喫煙のリスクや借り入れコストに関する情報）の開示もナッジとみなされる。「明日はもっと貯金しよう」プラン（SMarTプラン。国によって呼び名は違うが、アメリカ、カナダ、イギリス、フランスなど多くの国で推進されている確定拠出型年金制度で、従業員が将来の所得の一定割合を年金プログラムに積み立てるようにする契約）はナッジである。[2]「明日はもっと寄付しよう」プラン（GMTプラン。スウェーデンで行われたフィールド実験で採用されたもので、従業員が将来の所得の一定割合を慈善団体に寄付できるようにする契約）もしかりだ。[3]

レコメンド機能はナッジである。

一方、刑事罰、民事罰、税金、補助金はナッジではない。なぜならこれらに関係する人々の選択には、物質的インセンティブ（金銭）が生じるからだ（ただし、ごく少額の罰金や補助金は、その名目どおりのものであったとしても行動学的効果もあることがわかっている。それなら、ナッジとしても差し支えないだろう）。

世界各国の政府がナッジに注目する理由

数多くの国の政治家や行政関係者がナッジに関心を寄せている。[4]
２００９年には、イギリスが行動洞察チーム（Behavioral Insights Team／ＢＩＴ）を設置した。ＢＩＴは主にナッジと選択アーキテクチャー（選択の設計。選択者の自由意志にほとんど影響を与えずに合理的な判断へと導くための提案の枠組み）を活用して社会的な結果を改善させる取り組みを進め、めざましい成果をあげている。[5]
アメリカでも、環境保護や金融規制、肥満対策、教育など、さまざまな分野の施策で、ナッジが大きな役割を果たしている。[6] ２０１４年にはアメリカで社会科学・行動科学チームが立ち上げられた（現在では「The Office of Evaluation（評価室）」と呼ばれている）。[7]

また２０１５年には、バラク・オバマ大統領が、連邦機関の政策に行動科学をとりいれるべきだとする歴史的な大統領令を出し、ナッジの標準的なツールとして知られているさまざまな手段の活用を検討するように求めた。[8] この大統領令はいまも有効である。

国際機関もナッジに注目している。貧困と開発の問題を重視する世界銀行は、２０１５年年次報告書全体を行動情報に基づいて記載していて、特にナッジに焦点が置かれている。[9] 世界銀行には貧困と開発の問題を専門に担当する心・行動・開発ユニットがあり、行動科学が政策に応用されている。

いまや、行動科学チームがある国は、オーストラリア、オランダ、フランス、カナダ、アイルランド、ドイツ、カタールをはじめ、何十ヵ国にものぼる。それに、たとえ正式なチームがなくても、各省庁、さらには大統領府や首相府が行動科学の知見を使っていることは多い。行動情報を活用した重要政策の大部分は、専門組織が立ち上げられることなく、省庁によって手がけられているのが実際だ。

このように世界各国でナッジを活用した政策に関心が高まっている理由はいうまでもないだろう。どの国も差し迫った社会問題を抱えており、実効性のある低コストなツールを使って、問題を改善に向けて前進させたいと思っている。コストを削減したいし、命を救いたい。教育を改善したいし、貧困を減らしたい。経済成長も刺激したい。このような目標を達成するための「費用の負担が最小限ですみ、かつ、選択の自由が確保される政策手段」として、ナッジを活用した政策が真剣に検討されているのである。特に貯蓄政策、[10]気候変動、[11]貧困、[12]保健医療[13]などの領域では、行動情報に基づくアプローチに対する関心が高く、具体的な改革につながっているケースも多い。

ナッジが生み出すのは快適な生活か、政府によるコントロールか

しかしながら、ナッジを活用した政策には、倫理面から懸念し反対している人もいる。[14]真っ先に思い浮かぶ疑問は、「ナッジは人を操作し、その影響は容認できる範囲を超えているのではないか、あるいは自由への適切かつ的確な干渉であるとみなすべきなのか」ということである。[15]この倫理上の問題の議論を進めるには、自律性や尊厳、厚生（健康的で豊かな生活）、自己統治（自分たちのことは自分たちで決めるという考え方）など、民主主義のさまざまな基本理念に言及し、一部のナッジ、多数のナッジ、あるいはすべてのナッジがこうした理念に反するかどうかを問うことも、一つの方法になるだろう。また、ナッジの目標が正当ではないかもしれないケースを想像するという方法もある。その場合には、正当ではないとみなすべきカテゴリーをどのように決めるかが問題になってくるだろう。

これは「どうあるべきか」を問う規範的課題であって、「どうなっているか」を明らかにする実

証的課題ではない。しかし、「どうあるべきか」を考えるのであれば、「現実はどうなっているのか」を問わなければいけない。ナッジや選択アーキテクチャーは実際のところ、人々にどのように受け取られているのか。公共政策に関連するナッジ、あるいは法律という形をとるナッジには、倫理面から強い反感をもつのか。それとも、ナッジは容認できるもの、あるいは望ましいものと考えているのか。さらには、道徳的に考えて、ナッジは導入すべきものだと考えているのか。はたまた、ナッジの中にも何かしらの区別があるのか。区別があるとしたら、それはどのようなものか。

もちろん、こうした問いに答えが出ても、それで倫理上の疑問がなくなるわけではない。ここでの議論のテーマは、このような原則に関する疑問をどのように解消するかということであって、倫理上の疑問そのものを解消することではない。

また、人々から集めた個別の回答そのものは決定的なものではないということも、覚えておかなければならない。人々の答えは一貫していなかったり、十分に考えられていなかったり、行動バイアスによって偏見や先入観、思い込みに基づいた行動をとっていたり、そうでなければそもそも間違っていたりする。今回のような調査質問に答えているのであれば、じっくり考える時間も機会もない。

関連する事実（質問されている政策や、それに代わる政策の選択肢の費用と便益に関する事実など）が示されていない場合は特にそうだ。調査質問にぱっと回答させる方法は、政策の指針を得るためには、ベストとはいえない。

たとえ回答がじっくり考えられたものだとしても、おそらく多くの人は、自律性や尊厳を無自覚に軽んじてしまっているか、そういった概念が何を意味するのかをよくわかっていない。多くの人は、社会的厚生にほとんど関心がないか[16]、関心があったとしても十分な情報が与えられなければ的はずれな判断しかできないだろう。

ナッジがもつ「操作」の力

ここでは、国によって、あるいは同じ国内でも集団によってそれぞれ違う回答を示しており、コンセンサスが形成されていない可能性を探っていく。

行動科学者なら、きっとそれに関連するポイントを強調するだろう。倫理に関する質問や、道徳的に認められるか、認められないかに関する質問では、それに対する人々の回答は、質問の提示のしかたや表現方法（フレーミング）に大きく左右されるかもしれない。フレーミングのわずかな違いで、答えが劇的に変わることもある。そうした違いそのものが「ナッジ」なのである。フレーミングは大きな効果を与える可能性があり、その影響を排除するのは容易ではない[17]。

倫理的な判断がいかにフレーミングに左右されるかを示すちょっとした例を紹介しよう[18]。

たいていの人は、「若者は老人よりも大切にされるべきかどうか」と問われると、「絶対にそんなことはない！」と答える。政府は若者の命の価値を老人の命よりも高く評価するべきだという考えは、強硬に反対される。しかし、

⑴　5歳未満の子ども70人の命を救う
⑵　80歳を超える人75人の命を救う

という2択のどちらを選ぶかと問われているとしよう。この場合は、大半の人が⑴を選び、若者の命の価値を老人の命よりも高く評価していることを示していると考えるのが妥当である（これはエビデンスによって裏づけられている）。[19] このように、倫理に関する質問に対して、ナッジのフレーミングによって、狙い通りの答えを簡単に引き出せるのである。

このような問題点はあるものの、慎重に設計された質問に人々がどう答えるかは興味深い。なぜなら人々の直感――そうした質問に長い時間をかけることを求められていない人たちの思考のパターンを見ることができるかもしれないからである。また、人々がどのように考えているかがわかれば、政治や法律、倫理の問題を解消できるようにもなるかもしれない。

その理由は三つある。第一の、最も重要な理由として、民主的な社会では（非民主的な社会でもそうだが）、政策を立案し実行する人たちは市民が何を考えているかに注意を払わなければいけない。

市民が倫理面から強く反対していれば、民主的な政府は（たとえ選挙に勝つという自己利益のためだけであっても）取り組みを進めることをためらうだろう。

そうした反対は一種の推定拒否、または事実上の拒否として作用することもある。大多数の民衆が道徳面から強く懸念している問題があれば、それを完全に無視する政治家や官僚はいないだろう。そして、道徳面からの反対がない場合、また、ナッジは役に立つし望ましいとして歓迎されている場合には、大衆の意見が政策に反映される。大衆が広く賛成していることが免許状や許可証のような役割をもつときもある。場合によっては取り組みを加速させたり促進させたりすることもあるだろう。[20] 同じことは非民主主義国にもいえる。非民主主義国では、国民が何を考えているかがわかればそこから多くを学べるということを政治家も官僚も知っているし、国民の意見をよく聞き、その懸念をくみとらなければ、みずからの権力が脅かされかねないことをよくわかっている。

第二の理由は、認識論的なものである。人々の判断は、倫理の問題をどう考えているかを伝える、意味のある情報になる。たとえその情報が確定的なものでなくても、それに変わりはない。「群衆の知恵」を強調するまでもなく、ナッジの対象になるかもしれない人たちの倫理的な判断は尊重しなければいけない。倫理の問題をめぐって激しい論争がある場合は特にそうだ。政治家や官僚は他者の意見に謙虚に耳を傾けるべきであり、大多数がナッジに賛成あるいは反対しているのであれば、その意見は考慮されなければいけない。

だからといって、調査設定で賛成や反対が明らかになると倫理の（あるいはその他の）問題が解消されるといっているわけではない。それらの問題を解消するためには、省察と熟考を重ねること、専門知識を高めること、そして情報を集めることが非常に重要になる（第9章を参照）。しかし、それを踏まえてもやはり、大衆の反応には注意を向ける必要があることはたしかだ。

第三の理由は、民主的な自己統治という理念にかかわるものである。その理念が重要であるのなら、政策を立案・実行する人は、たとえ意見が合わなくても、人々が考えていることに注意を払わなければいけない。人々がよく考えて出した判断は、簡単な調査の結果とは異なるかもしれない。その場合は、熟考された判断が優先されるべきである。そして、あるアプローチやナッジをとりいれると社会的厚生（ある社会状態によって人々が感じる主観的満足）は減少するとはっきりわかっているのであれば、たとえ人々がそのアプローチやナッジをとりいれてほしいと思っていても、そうするべきではないという強力な議論がある。

その裏返しで、あるアプローチが社会的厚生を高めるのであれば、たとえ人々が反対していても、それをとりいれるべきであるとする強力な議論もある。多数派がどう考えていようと、個人の権利と自律性も尊重しなければいけない。こうした点については第9章で探っていく。

しかし、あるアプローチが望ましいかどうか判断がつかないときは、自己統治の理念に基づいて、大衆の意見を考慮するべきだろう。

ナッジの価値は目的と効果で決まる？

この後で見ていくように、数多くの国で行われた最近の調査では、支持されている結論は一つだけである。少なくとも全体としては、大半の国の過半数の市民が、ナッジ全般については何の意見ももっておらず、肯定も否定もしていない。特定のナッジの目的と効果を認めるかどうかによって、市民の評価は変わってくる。また、後述するとおり、さまざまな国の大多数の市民は、近年、実際にある機関が真剣に提案したり実行したりしているナッジを支持する傾向がある。

このようなナッジに対する高い水準の支持は、いくつかの制限条件はつくものの、「保守」「リベラル」といった政治的立場を問わず、幅広い層にわたっている。意外かもしれないが、さまざまな政治信条をもつ人々の意見が一致しているのである。ナッジのめざす目標が正当かつ重要だと考えられるかぎりは、ナッジがおおむね支持される可能性が高い。ナッジに対する評価が分かれるときは、たいてい特定のナッジがめざす目標の正当性と重要性に関する意見の違いによるものである。

これは重要な発見だ。大半の人は、ナッジそのものを操作的なものとみなすべきでないと思っていて、自律性への好ましくない干渉だとみなすべきではないと考えていることを示唆するものだからである。命令や禁止に対してのほうが人々の反応ははるかに否定的であることを示唆する予備的なエビデンスもある。命令や禁止が完全に正当な目的をもっているとされるときでさえ、人々は命令や禁止を拒否するのだ。多くの人は選択の自由そのものをとても大切にしており、動機はよくても選択の自由が認められないと、多くの政策が拒否されるだろう。

本書のストーリーを要約すると、次のようになる。人々が反対する可能性が最も高いナッジは、

(1) **目的が不正であるとみなされるもの**

(2) **大半の選択者の利益か価値観のいずれかと一致していないと見られているもの**

である。より個別的な発見としては、「政策立案者には人間の惰性や不注意を利用して経済的損失やその他の損失をもたらすことはしてほしくない」と考えられており、これは一部のデフォルトルールに不利に作用する。

くわえて、認知処理の過程に無意識に働きかけたり、潜在意識に訴えたりするナッジよりも、よく考えて判断をするようにさせるナッジが選好される傾向があり、前者は反感をもたれるおそれがある。ただし、かならずしも完全に否定されているわけではなく、支持されることもしばしばある。

また、ナッジの目的が特定の政治的指向（「保守」「リベラル」など）を強く連想させるときは、ナッジに対する評価は政治的な意味に大きく左右される。全体として、大半のケースでナッジに対する賛否を決定するのは、ナッジそのものに対する評価よりも、特定のナッジの目的に対する評価であり、これはそうした見解を補強するものである。それでは、くわしく見ていこう。

2

The United States,1: Evidence

アメリカにおけるナッジの評価

アメリカでのナッジの評価を知るために、34のナッジを対象とする全国代表調査を実施した。調査はアメリカ国籍の563人を対象に、2016年にサーベイ・サンプリング・インターナショナルが実施した（統計の信頼性を表す許容誤差は、有意水準のプラスマイナス4・1%ポイント）。参加者には、該当するナッジについて賛成か反対かだけを答えてもらった。

この調査で得た回答から、二つの大原則が見えてくる。

第一に、アメリカ人は、その目的が不正だとみなすナッジ（宗教的・政治的偏向などを促すもの）に拒否反応を示す。

第二に、アメリカ人は、多くのアメリカ人の利益や価値観と一致しないとみなすナッジを拒否する。これに対し、目的が正当なものであり、多くのアメリカ人の利益や価値観と一致すると思われるナッジを幅広く支持する。

つまりアメリカでは、デフォルトルール、警告を発する看板、啓発キャンペーンといったさまざまなナッジは、その目的が賛成できるもので、価値観や利益に合うと考えられる場合には、支持政党の枠を超えて受け入れられる可能性が高いといえる。

実は、今回のテスト項目（政策）の中には、非常に偏向的で、人を操作しようとしているように見えるものもいくつかあった。それでも、サブリミナル広告（人間が知覚不可能なスピード・量のメッセージを繰り返し出すことで、視聴者の潜在意識に訴える広告）を除いて、それぞれのナッジへの支持は半数を超えた（サブリミナル広告についても驚くことに、喫煙や過食と闘う取り組みという文脈だと少数とはいえ無視できない数の支持がある）。つまりアメリカ人は、ナッジそのものを「人を操作するもので容認できない」と拒否しようとはしないといえる。[1] アメリカ人からのナッジへの評価は、その根底にある目的の正当性に左右される。[2]

ただし、これから見ていくように、政治的分断が一部のナッジへの支持の程度に影響することがある。政党によって意見が大きく異なるテーマについては、政治の分断がナッジにも投影されるのだ。民主党支持層は、健康と安全に関するある種のナッジについて、共和党支持層よりも好意的である。反対に、共和党支持層が民主党支持層よりも強く支持するであろうナッジもすぐに思い浮かぶ。中絶や特定の宗教についての教育をやめさせようとするナッジがその例だ。

しかし、民主党支持層と共和党支持層、さらに無党派層にわたって見ても、アメリカで支持されるナッジ、拒否されるナッジは幅広いテーマで完全に一致している。

アメリカで人気のあるナッジ

近年、アメリカ政府は数多くのナッジを採用、あるいは推進している。たとえば、次の三つのようなナッジが採用されている。

(1) **チェーンレストランでのカロリー表示の義務づけ**

(2) **タバコのパッケージへの健康警告画像の表示義務づけ**[3]（連邦控訴裁判所はこれを違憲にあたると判断している）[4]

(3) **貯蓄プランへの自動加入**（加入したくない場合は、その意思を表示すれば加入しないことを選べるオプトアウト〔拒否の選択〕方式）[5]

今回の全国代表調査でも、この三つの政策はすべて、過半数をはるかにしのぐ人が支持している。まず、アメリカ人の約87%がカロリー表示に賛成し、74%がタバコのパッケージの警告に賛成した。[6]どちらも民主党支持層、共和党支持層、無党派層の大多数から支持を得た。

表2.1◉近年の代表的なナッジに対するアメリカ人の態度

	カロリー表示	画像警告（タバコ）	連邦推奨：自動加入	連邦命令：自動加入
支持の合計（賛成率/反対率）	87/13	74/26	80/20	71/29
民主党支持層	92/8	77/23	88/12	78/22
無党派層	88/12	74/26	75/25	67/33
共和党支持層	77/23	68/32	73/27	62/38

さらに(3)については、自動加入を連邦が「推奨」する場合でも、大規模雇用主に「命令」する場合でも関係なく支持されている（表2・1参照）。全体では貯蓄プランへの加入の推奨への支持が80％、強制加入（命令）への支持が71％であり、支持政党を問わず、すべてのグループで大多数が支持した。[7]

啓発キャンペーンに対する評価

啓発キャンペーンにおいても、次の三つは広く支持を集めている（表2・2参照）。

まず、子どもの肥満と闘う連邦政府の啓発キャンペーンが圧倒的多数に支持されている（賛成率は82％、これも民主党支持層、共和党支持層、無党派層に関係なく、幅広い層から強く支持された）。

同じように、リアリティのある話や映像によってわき見運転の危険性を訴える連邦政府の啓発キャンペーンも、高い支

表2.2◉6つの啓発キャンペーンに対するアメリカ人の態度[8]

	子どもの肥満	わき見運転	性的指向による差別	映画館	動物福祉協会	肥満（操作的）
支持の合計（賛成率/反対率）	82/18	85/15	75/25	53/47	52/48	57/43
民主党支持層	90/11	88/12	85/15	61/39	59/41	61/40
無党派層	81/19	84/16	75/25	51/49	55/45	60/40
共和党支持層	70/30	80/20	57/43	41/59	34/66	47/53

持を集めた（賛成率85％）。

また、性的指向を理由とする差別をなくそうとする連邦政府の啓発キャンペーンにも約75％の人が賛成したが、このナッジに関しては、支持政党による違いがはっきりと認められ、賛成率は民主党支持層が85％、共和党支持層が57％、無党派層が75％だった。

他の三つの啓発キャンペーンも全体としては過半数の支持を集めた。しかし支持率は低めで、特に共和党支持層は、賛成が半数に満たなかった。

映画館に対して、喫煙と過食をやめさせるための啓発メッセージの上映を求めるというナッジについての賛成率は、約53％で、民主党支持層の賛成率が高かった（民主党支持層の賛成率が61％に対し、共和党支持層は41％、無党派層は51％）。

アメリカ動物福祉協会（架空の組織）への寄付を促す啓発キャンペーンは、賛成が52％と、ごくわずかに半数を上回った（賛成率は民主党支持層59％、共和党支持層34％、無党派層55％で、支持政党による賛成率の差は統計的に有意といえる)。なお、この動物福祉協会への寄付啓発キャンペーンについて過半数が賛成するというのは、実に意外な発見であったといえる。

肥満に対する操作的な啓発キャンペーン——肥満の子どもたちが苦しそうに運動しているようすとともに、「人生でいちばん後悔しているのは、体重をコントロールできなかったことだよ」「肥満は恐ろしい呪いみたいなものだ」などと肥満の大人たちがインタビューに答えている姿を伝えて、肥満を減らそうとする連邦政府の攻撃的な啓発キャンペーン——は、約57%の人が支持した。

実はこの質問は、偏向的で、多分に誘導・操作的であるナッジへの人々の反応を見るために設定されたものだった。事前の予測では広く反対されるだろうと思われたが、実際にはそうはならなかった。なお、この質問では、民主党支持層(賛成61%)・無党派層(賛成60%)と共和党支持層(賛成47%)とで差があった。民主党支持層の意見と共和党支持層の意見との差は統計的に有意だった。

また、大半のアメリカ人は、公衆衛生と環境保護を促進するための取り組みに選択アーキテクチャーが使われることも支持している(表2・3参照)。

たとえば近年、世界的に議論が広がりつつある食品の「交通信号」システム——食品が健康に与えうる影響を赤、黄、緑の交通信号形式でわかりやすく表示するもの[9]——へも、強い支持が示された(64%)。

「グリーン(環境にやさしい)」エネルギー事業者の自動使用(使用したくない場合は、その意思を表示

表2.3◉環境と公衆衛生に関するナッジに対するアメリカ人の態度

	GMO表示	塩分表示	健康によい食品の陳列場所	食品の交通信号システム	臓器提供の選択	推奨：グリーンエネルギー	命令：グリーンエネルギー
支持の合計（賛成率/反対率）	86/14	73/27	56/44	64/36	70/30	72/28	67/33
民主党支持層	89/11	79/21	63/37	71/29	75/25	82/18	79/21
無党派層	87/13	72/28	57/43	61/39	69/31	66/34	63/37
共和党支持層	80/20	61/39	43/57	57/43	62/38	61/39	51/49

すれば拒否できるオプトアウト方式）も、賛成が過半数を占めた。[10] 意外かもしれないが、グリーンエネルギーの自動使用は、それが連邦政府の「推奨」（賛成率72％）によるものでも、大規模な電力事業者への「命令」（同67％）によるものでも、関係なく支持された。[11] これらのケースでは、支持政党による有意な差が認められたが、民主党支持層、共和党支持層、無党派層のすべてで支持が半数を超えた。

自社が販売する食品に遺伝子組み換え作物（GMO）が含まれているかどうかを開示するように企業に義務づけることについても、大半の回答者が賛成した（賛成率86％）。塩分が非常に多い食品に「この食品には塩分が非常に多く含まれており、あなたの健康を害するおそれがあります」といった警告ラベルの表示を義務づけることも、大多数（73％）が支持した。

意外かもしれないが、食料品店が健康によい食品を目立つところに陳列して、買い物客の目にとまりやすくするように州政府が義務づけることも、過半数の回答者が賛成した（ただし、共和党支持層からの賛成率は低かった。具体的な賛成率は56％、民主党支持層63％、共和党支持層43％、無党派層57％）。

また、運転免許を取得するときに、臓器提供をしたいと思うかどうか答えることを求めるナッジも支持された（賛成率は70％、民主党支持層75％、共和党支持層62％、無党派層69％）。[12] こうした政策のすべてで、民主党支持層と共和党支持層との間には統計的に有意な差があった。

物議をかもすと思われるナッジに対する評価

次に、これまでのものと比べてはるかに物議をかもすと思われる五つのナッジ（選択アーキテクチャー）について見ていこう（表2・4参照）。

一つ目は、選挙の投票用紙のいちばん上に現職候補の名前を載せるというものだ。現職候補に有利に働くこのナッジは、広く反対されるのではないかと考えられる。投票プロセスが現職候補に有利に歪められることを回答者は望まないだろうし、順序効果（選択肢を提示する順番に、人々の判断が影響を受けること）を利用しようとする試みは、どれも操作的だとみなされるだろうと思われるから

表2.4◉物議をかもすおそれがあるナッジに対するアメリカ人の態度[13]

	現職候補の名前を最初に記載	自動有権者登録	夫の姓	製品への表示義務：労働法違反企業	製品への表示義務：テロリスト支援国
支持の合計（賛成率/反対率）	53/47	53/47	58/42	60/40	54/46
民主党支持層	58/42	63/37	61/40	67/33	56/44
無党派層	51/49	50/50	56/44	57/43	49/51
共和党支持層	47/53	39/61	57/43	50/50	58/42

である（むしろ操作的だとみなされるべきだ）。

しかし、ぎりぎり過半数の人（53％）がこのアプローチを認めた。これはたぶん、大半の人がそうしたほうがわかりやすくなると考えたからであり、順序効果によるバイアスが引き起こされるリスクをわかっていなかったからだろう。

次に、要件を満たす市民を有権者として自動登録する仕組み（自動登録したくない場合は、その意思を表示すれば拒否できるオプトアウト方式）についても、過半数が賛成した（53％）。このアプローチは、オレゴンなどの一部のアメリカの州とヨーロッパ諸国の大多数でとりいれられている。ただし、興味深いことに、大半の共和党支持層（61％）がこのアプローチを認めなかった。有権者登録をしない人を有権者とみなすべきではないと考えているためかもしれないし、長年、民主党の大統領候補が勝利を収めているオレゴン流のアプローチが民主党支持層に有利に働くと考えているためかもしれない。あるいは、そうしたアプローチをとると、アメリカ各地で問題になっている詐欺がもっと増えてしまうのではないかと考えているためかもしれない。

結婚時に女性の姓を自動的に夫の姓に変えるアプローチ（夫の姓に変えたくない場合は、その意思を表示すれば拒否できるオプトアウト方式）も、賛成率は58％で半数を少し上回った。このアプローチは民主党支持層、共和党支持層、無党派層すべてで過半数から支持を得ている。このナッジに賛成する背景に、どのような考え方や事情があるにせよ、性別による差別を禁止している憲法に違反するアプローチであるのはほぼ間違いないことを考えると、これは特筆すべき結果である。[14]

この質問については、きっと男女間で差があるに違いないと思うかもしれないが、注目される点として、男性も女性も58％がこのアプローチを認めた。

最後に、国の労働法（安全な労働環境の整備や差別の禁止を求める法律）に繰り返し違反している企業の製品にラベルでその旨を表示することを求めるナッジにも、過半数が支持をしている。

この政策を支持したのは回答者の約60％だが、民主党支持層（賛成が67％）と共和党支持層（賛成が50％）との間には有意な差があった。

また、テロリストをかくまっている国の製品にラベルによる表示を求めるナッジも、過半数が支持した。このアプローチへの賛成率は全体で54％で、民主党支持層は56％、共和党支持層は58％、無党派層は49％がそれぞれ支持した。

アメリカ人はどんなナッジを嫌うのか？

ここまで、広く支持されてきたナッジを見てきたが、これに対し、次に紹介する12のナッジは反対が多数だった。

そのうちの七つは、「デフォルトルールの使用」にかかわるものだ（表2・5参照）。さらにそのうちの二つは、挑発的であるだけでなく、さまざまな領域で広く受け入れられている「中立性の原則」に反して特定の立場を優遇するという意味で、きわめて不快なものとなるように設計されており、大多数がそのとおりに受け止めた。

まずその一つ目は、「デフォルトでは民主党支持者として登録されるが、共和党支持者か無党派層として登録したい人は、その意思を明示すればオプトアウトできる」というナッジである。いうまでもないが、この種のデフォルトルールは政治のプロセスを歪めようとする試みと受け止められるはずである（その理由から確実に憲法違反になるだろう）[15]。そして実際、圧倒的多数がこのアプローチを認めなかった（賛成率は全体で26％、民主党支持層32％、共和党支持層16％、無党派層26％で、民主党

表2.5◉不人気なデフォルト

	民主党支持者として登録	国勢調査でのキリスト教信者の前提	妻の姓	赤十字	動物福祉協会	ユナイテッド・ウェイ	炭素排出料金
支持の合計（賛成率/反対率）	26/74	21/79	24/76	27/73	26/74	24/76	36/64
民主党支持層	32/68	22/78	28/72	30/70	30/70	26/74	43/57
無党派層	26/74	17/83	23/77	28/72	25/75	25/75	34/66
共和党支持層	16/84	27/73	18/82	20/80	20/80	17/83	25/75

支持層と共和党支持層との間には統計的に有意な差があった）。

二つ目は、「国勢調査では特に明記しないかぎり、人々はキリスト教信者であるものとされる」というナッジである。そうしたデフォルトルールも、信仰する宗教を意図的に操作しようとする試みだとみなされる可能性がある（これも同じように憲法違反になるだろう）[16]。このルールも広く反対された（賛成率は全体で21％、民主党支持層22％、共和党支持層27％、無党派層17％）。

三つ目の、「結婚時に夫が自分の姓を自動的に妻の姓に変えるものとし、妻の姓に変えたくない場合は、その意思を明示すればオプトアウトできる」というナッジも不人気だった（賛成率は全体で24％、民主党支持層28％、共和党支持層18％、無党派層23％）。興味深いことに、この回答には男女差はなかった（逆のデフォルトルールに関する質問と同じである）。男女とも24％が賛成した。なお、このデフォルトルールも違憲である。

四つ目は、「税還付時には50ドルを赤十字に寄付するものとし、寄付したくない場合は、その意思を明示すればオプトアウトできる」というものである（賛成率は27％、民主党支持層30％、共和党支持層20％、無党派層28％）。

五つ目も内容は同じだが、寄付先の赤十字を動物福祉協会に置き換えた。当然ながら、その質問も広く反対された（賛成率は26％、民主党支持層30％、共和党支持層20％、無党派層25％）。少し意外ではあるが、赤十字に寄付するほうが人気が高いのではないかと思われたにもかかわらず、二つの寄付に関する数字はほぼ同じだった。この結果は示唆に富む。

六つ目は、「州職員は、州政府の規定により、毎月20ドルをアメリカ最大の慈善団体、ユナイテッド・ウェイに寄付するものとするが、寄付したくない場合は、その意思を明示すればオプトアウトできる」というものだった。州政府と州職員だけの問題であるため、賛成率は高くなるのではないかと思われたが、そうはならなかった（賛成率は24％、民主党支持層26％、共和党支持層17％、無党派層25％）。

七つ目は、「航空券をもっている人には、航空運賃に一定額を上乗せし（航空券1枚につき約10ドル）、二酸化炭素を排出した分を相殺することを義務づけて、乗客が支払いたくないと申し出ればオプトアウトできる」というカーボンオフセットにかかわるもので、これには過半数（64％）が反対した。興味深いことに、民主党支持層の大多数（57％）がこのアプローチに反対したが、共和党支持層の反対率は統計的に有意に高かった（75％）。

表2.6◉不人気な教育キャンペーンと情報開示[17]

	批判は非愛国的	母親は家にいるべき	サブリミナル広告	製品への表示義務：非民主主義	トランスジェンダー
支持の合計（賛成率/反対率）	23/77	33/67	41/59	44/56	41/59
民主党支持層	24/76	33/67	47/53	47/53	49/51
無党派層	22/78	34/67	35/65	42/58	38/62
共和党支持層	21/79	31/69	42/58	43/57	29/71

情報と教育にかかわる不人気のナッジ

他の五つの不人気なナッジは、情報と教育にかかわるものだった（表2・6参照）。

一つ目の（最も極端な）ナッジは、「新しく選ばれた大統領が、自分の決定を批判するのは非愛国的であり、国の安全保障を損なうおそれがあると人々に説く啓発キャンペーンを行う」というものである。このキャンペーンは反対が圧倒的に多かった（賛成率は23％、民主党支持層24％、共和党支持層21％、無党派層22％）。

ただし、このナッジに関して注目すべきは、過半数が反対したことではなく、アメリカ人の5分の1超が、支持政党にほぼ関係なく、この最も異例な啓発キャンペーンに賛成したことだろう。

二つ目は、「母親は家にいて小さな子どもの世話をするべきだと説く啓発キャンペーンを連邦政府が行う」というものだった。回答者の3分の2超がこのナッジを拒否した（賛成率は33％、民主党支持層33％、共和党支持層31％、無党派層34％）。

三つ目は、政府が映画館に対して、喫煙と過食をやめさせるためのサブリミナル広告を上映することを義務づけるというものだった。これについても、過半数が反対だった（賛成率41％、民主党支持層47％、共和党支持層42％、無党派層35％）。しかし、実に5分の2を超える人がこの義務を支持した点には注目すべきであり、これは意外な結果である。

四つ目は、非民主主義国（中国やキューバなど）のすべての製品に「この製品はすべて、あるいは一部が非民主主義下で製造された」というラベルをつけて販売することを連邦政府が義務づけるというものだった。このナッジには半数強の回答者が反対した（賛成率は44％、民主党支持層47％、共和党支持層43％、無党派層42％）。

五つ目は、男性から女性へ、あるいは女性から男性へ性別を変えることは可能であると伝え、「それが本当にしたいことであれば」その可能性を検討するように説く啓発キャンペーンを連邦政府が行うというものであり、これも過半数（59％）が反対した。ここでも意外な結果が出ている。このいくらか冒険的なキャンペーンを、回答者の41％が支持したのだ。ただし、賛成率は民主党支持層（49％）、共和党支持層（29％）、無党派層（38％）の間で差があった。

3

The United States, 2: Principles

第3章｜アメリカ❷ 調査から明らかになったナッジへの反応

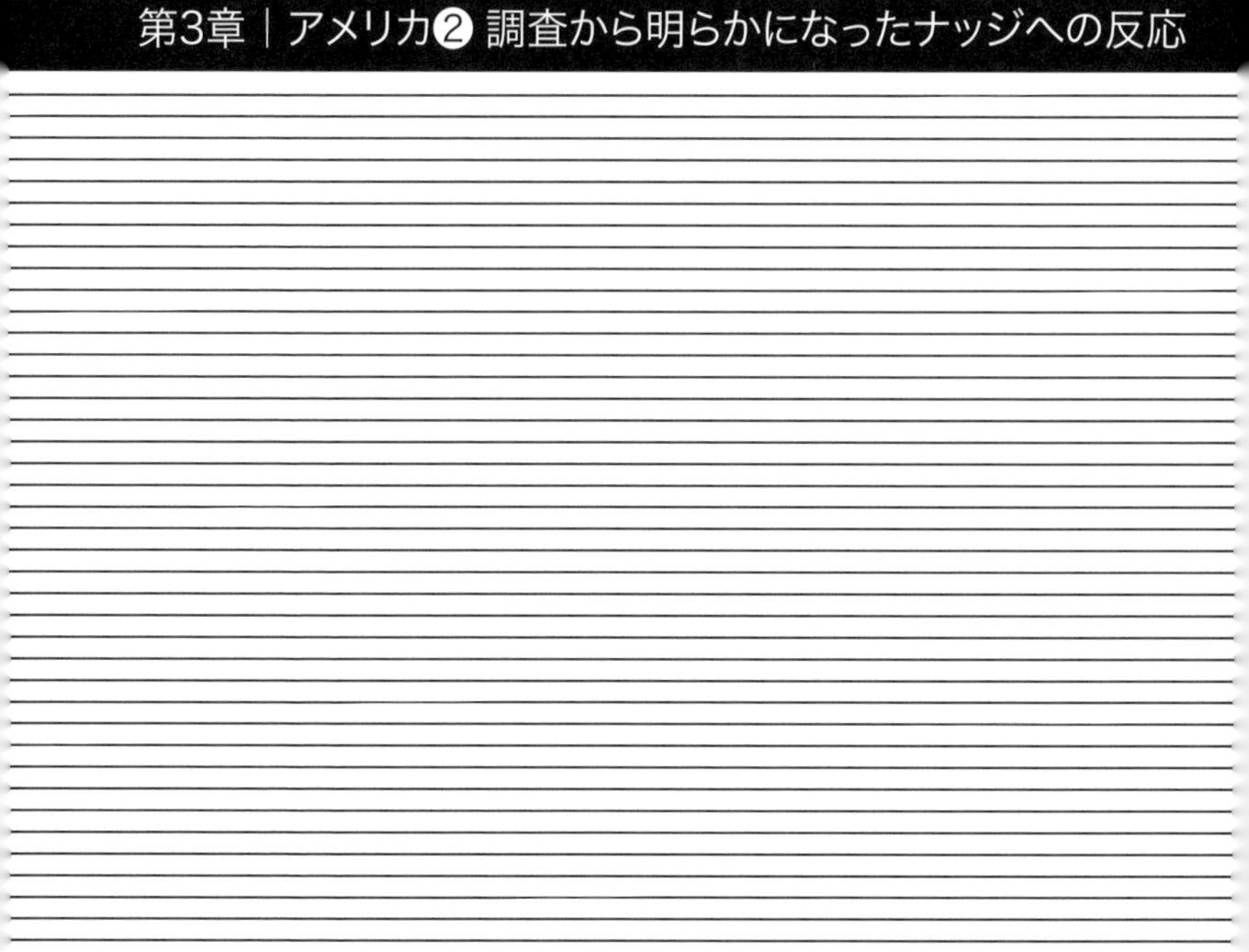

アメリカで受け入れられるナッジ・拒否されるナッジは何が違うのか？

受け入れられるナッジと、受け入れられないナッジとでは、何が違うのだろう。

これには二つの原則が大きく影響しているように見える。

第一に、アメリカ人は目的が正当なものではないとみなしたナッジを拒否する。たとえば、市民が自治権をもつ民主主義社会では、政府に対して批判するのは愛国心がないと人々を説得するのは正当ではないとみなされる。さらには、アメリカでは、特定の宗教や政党を優遇するナッジは、その宗教や政党の人たちの間でさえも広く反対されるだろう。[1]

このシンプルな原則から、次のような予測が成り立つ。設問をつくる際に、その選択アーキテクトの動機が正当ではないとされると、そのナッジは認められない。

なるほど、その予測はことさら意外なものではないように見えるかもしれないが、大切な点を暗に示している。デフォルトルールや警告（などのやり方）そのものには反対していない、ということだ。それが人々をどの方向にナッジしているのかで、そのナッジに対する評価は決まる。これに対し、命令がかならず反対にあうのは、それが命令であるからにほかならない。ナッジに関する判断に支持政党による違いが見られるときは、ナッジの動機が正当であるかどうかについて、支持政党による意見の違いがあることが多い。そうした意見の違いが解消されるかどうかは、いうまでもなく、ナッジそのものとは何の関係もない判断によって決まる。

第二に、アメリカ人は多くの人の利益を損なうか、価値観と合わないと感じるナッジに反対する。それを最も直接的に示すエビデンスとなるのが、大半のアメリカ人は結婚時に女性が姓を自動的に変更することは支持するが、男性が姓を自動的に変更することは拒否するという調査結果である。前者は（少なくとも一般的には）人々の利益や価値観に沿うが、後者はそれに反するためであるのは明らかだ。[2]

もちろん、どのデフォルトルールも、少なくとも一部の人に害をおよぼす可能性がある。正当な理由があってオプトアウトしたい人もいるだろうし、オプトアウトしたいと思っていても、惰性や先延ばし行動でそうしない人もいるだろう。この点がデフォルトルール全般に対する反対の理由になっているとも考えられる。

それでも、ナッジそのものが否定されているわけではない。有権者の自動登録、年金プランとグリーンエネルギーへの自動加入については過半数が賛成していることを思い出してほしい。どうやらそうしたナッジは大半の人の利益になると考えられているようだ。[3] また、大半の回答者は、肥満や性的指向に基づく差別をなくすための啓発キャンペーンに好意的であることも思い出してほしい。

これに対し、女性に家庭に入るように説く啓発キャンペーン、性別を変更することができると人々に伝える啓発キャンペーンには、大半が反対している。こうしたキャンペーンは、広く浸透している価値観や人々の利益に合わないと判断されたようだ。[4]

デフォルトルールを支持するかどうかを決めるときには、不利益を受ける集団の大きさが重要になることは間違いない。多数派に害を与えるようなデフォルトルールが、広く支持されるとは考えにくい。不利益を受ける集団が大きい（しかし過半数ではない）場合には、デフォルトルールを拒否して、能動的に選択することを支持するかもしれない。

この原則がどのような性質のものであるかはまだ厳密には検証されていないが、大半の回答者は、重要な三つ目の原則を受け入れているように見える。その原則とは、「何かしらの損失が発生するときは、人々がそれを肯定する意思を事前に示していなければならない」というものだ。この原則の下では、何らかの財を国が取り上げることをデフォルトとするのは許されない。[5]

これと関連するものとして、臓器提供することを原則とするデフォルトルールを大半のアメリカ人が拒否しているにもかかわらず、運転免許を取得するときに臓器提供したいかどうかを答えることを求めるナッジを大半の回答者が支持している（したがって能動的選択を支持している）ことがあげられる。このことからも明らかなように、個人の同意が最も重要なのだ。個人の同意がなければ、人がいまもっているものを政府が取り上げることはできない。

どのような事柄に個人の同意が必要で、どのようなことならばいらないのかということの境目は、まだはっきりとしていない。自動加入が将来の自分を守るものである場合（年金がその例）や、環境を守るものである場合には、自動加入を進んで認めている。大半の人は税制度そのものには反対していない。ところが、「取り上げられる」となると待ったがかかるようだ。

なお、大多数の人が各種の慈善団体への自動寄付を拒否していることには注意してほしい。惰性や先延ばし行動、不注意などによる結果として、慈善団体に寄付したくないにもかかわらず、そうしてしまうかもしれないことが懸念されているのは明らかである。

そのため、この第三の原則を、より限られた第四の原則で補完したほうがいいだろう。第四の原則は第三の原則を明確にするものと見ることもできる。その原則とは、「慈善寄付プログラムへの自動加入は、少なくともそれが公的機関の運営するものであれば、大半の人が拒否する」というものだ。炭素排出料金（カーボンオフセット）のケースも同じように理解できる。このケースは慈善寄付とは関係がなく、有害な行為を防止する取り組みとみなされるかもしれないが、アメリカ人は能動的な同意を求めているようである。能動的な同意なしにお金を取り上げるデフォルトルールについて、人々はどこまで懐疑的であるのか、その境界はまだはっきりとはわかっていないが、人々にそうした疑念があることは間違いない。

すでに見たとおり、健康や安全、環境に関連する情報開示（塩分が多い食品、遺伝子組み換え食品）はおおむね支持されている。それでも、商品そのものが健康と環境に与える影響を開示するのではなく、商品の生産にかかわる政治的な問題に関する情報を開示する義務が支持されるかどうか、どんなときに支持されるかという点に疑問は残る。

この点についてはアメリカ人の意見はほぼ二分しているようだ。国の労働法に繰り返し違反している企業、テロリストをかくまっている国の製品への表示については、支持が過半数に達した。しかし、非民主主義国の製品はそうならなかった。財やサービスを生産する者の行為について、その行為の開示を義務づけるのであれば、悪質性に一定の基準を設けることが求められるだろう。

この問題では、支持政党による違いがあると予想される。当該の基準に合致しているかどうか、また、その基準とはいったい何であるかについては意見が分かれるだろう。

次に、第五の原則として、アメリカ人は容認できないほど操作的だとみなすナッジを拒否する、と考えても、データとは矛盾しないだろう。サブリミナル広告に関する発見は、この原則を裏付けるものと受け止めることができる。

ただし、「容認できないほど操作的」とは、どのようなものをさすのだろう。[6] 大半のアメリカ人は、タバコのパッケージに警告を表示することに賛成している。人々の価値観や利益と一致する場合に関しては、デフォルトルールにも好意的である。健康によい食事を促進する設計をカフェテリア方式の食堂に義務づけることも、過半数が支持している。わき見運転をなくすための生々しい話や映像を使ったキャンペーンにも賛成している。肥満については、やや偏向した、明らかに人を操作するものとされてもおかしくない啓発を過半数が支持している。

理屈の上では操作を好む人はいないが、少なくともナッジの目的が正当であり、大半の人の利益にかなうと受け止められるのであれば、容認できないほど操作的だという理由でナッジを拒否しようとするケースは多くはないようだ。

政党への支持とナッジへの許容度

支持政党の違いは、どのような影響があるだろうか。もちろん、民主党支持層と共和党支持層で、あるナッジの目的が正当かどうかに関して意見が分かれるときがあるし、あるナッジが人々の利益や価値観に沿うものであるかどうかについて、意見が一致しないこともある。

たとえば、中絶を考えている妊婦に胎児の心音を聞かせたり超音波写真を見せたりすることを法律で義務づけるという形の反中絶ナッジを想像してほしい。

おそらく、中絶に反対する人は、中絶をやめさせるためのナッジを支持する可能性が特に高く、中絶に反対していない人はそうしたナッジを支持しないだろう。だから、このナッジに対する民主党支持層の賛成率は共和党支持層よりも低いと、強い確信をもって予測できる。そして実際、amazonのメカニカルタークを使ったわれわれの調査で、まさにそのとおりの結果が出ている。民主党支持層は約28%しか賛成していないが、共和党支持層は70%が賛成しているのだ。[7]

性別を変更できることを人々に伝える啓発キャンペーンについても同様に、民主党支持層と共和党支持層との間に統計的に有意な違いがあっても、大きな驚きはないだろう。

ところがもう一つ、支持政党を問わない、もっと一般的に見られる意見の違いがある。民主党支持層、共和党支持層、無党派層の過半数が特定の施策を支持しているときでさえ、ある集団の支持の水準が別の集団よりも高くなることもめずらしくない。公衆衛生の分野のように、根底にある目的が広く受け入れられるものであっても、共和党支持層の一部は、政府によるナッジそのものに懐疑的であるように見受けられるときがある。「たとえ目的は正当なものだとはっきり認めていて、選択者の利益や価値観に反するとは考えていなくても、ナッジに反対する」のである。

一部の共和党支持層、そして明らかに一部の民主党支持層と無党派層は、もう一つ別の原則を支持しているように見える。その原則とは、「少なくともナッジをしないという選択の余地がある場合には、ナッジを使うべきであることが証明されないかぎり、ナッジを使わないことを選択するべきだ」というものである。

大半のアメリカ人はこの原則を受け入れておらず、今回の調査では、統計的に有意な人数がこの原則を受け入れていることを示す確証は得られていないが、調査の結果は非常に示唆に富む。反対している人が多いのが、タバコのパッケージへの健康警告画像の表示（反対率26％）、子どもの肥満をなくすための啓発キャンペーン（18％）、わき見運転をなくすための啓発キャンペーン（15％）、食品の交通信号システム（36％）だ。こうしたナッジに反対する人は、目的は正当なものであり、大半の選択者の利益にかなうという点には同意しているが、それでも政府が介入することは支持していないと考えるのが妥当である。

この原則がどれくらい強くて、どのようなことに適用されるのかは、対象の問題によっても、支持政党によっても、政府の役割に関してどの立場をとるかによっても変わってくる。この点は重要な意味をもつ。

一部のケースでは、共和党支持層は民主党支持層よりもナッジに懐疑的である。たとえば、カロリー表示と子どもの肥満を減らすキャンペーンは、この二つの集団の過半数が支持しているにもかかわらず、両者の間では支持の水準に有意な差がある。しかし、共和党支持層が民主党支持層よりも明らかにナッジを強く支持しているケースもある。反中絶ナッジがその例だ。今回の調査ではそうしたケースがほとんど認められないのは、質問の内容に由来するアーチファクト（研究対象とした要因とは別の原因で発生したデータの歪みやバイアス）である。問題がたとえば高所得者がキャピタルゲイン課税に対する優遇措置の軽減を自動的に受けるという自動加入プログラムに関するものであれば、共和党支持層の支持の水準は民主党支持層よりも高いと、ある程度の確信をもって予測でき、この予測はエビデンスですでに裏付けられている。[8]

「ナッジvs命令」――どちらがどれだけ受け入れられる？

これまでに示唆したように、多数のアメリカ人は、ある種の命令については、たとえその目的が正当なものであっても、懐疑的である。その命題をテストするために、amazonのメカニカルタークを使って、3組の施策に対するアメリカ人の反応を調べた（参加者は309人）。対象となった施策は、貯蓄（拠出率は3％）、安全なセックスについての教育、知的設計論（インテリジェント・デザイン。何らかの意図や意志によって宇宙や生命が誕生したとする説）についての教育にかかわるものだった。すべてのケースで、ナッジは命令よりもはるかに人気があり（過半数の支持を得た）、実際に、命令はすべてのケースで過半数が反対した。オプトアウトできるという条件がつく場合には、貯蓄に関する施策は69％が賛成した。安全なセックスについての教育は77％が、知的設計論についての教育は56％がそれぞれ賛成した。命令の賛成率は、それぞれ19％、43％、24％に下がった。

したがって、大半のアメリカ人は、たとえ根底にある目的を強く支持しても、ある種の命令そのものに強く反対し、同じ目的を促進するためのナッジは支持するということがいえる。他の研究でも同様の結果が出ている。

これまでに見てきたように、アメリカ人の大多数には、ナッジそのものについての全体的な意見はない。ナッジに対する評価は、これまでに示してきた原則によって決まっているといえる。一方で、命令については、多くのアメリカ人が全体的な意見をもっており、それは好意的なものではない。もちろん、アメリカ人がさまざまな種類の命令を支持することも事実であり、アメリカ人は命令そのものに反対しているといおうとしているわけではない。他者に害がおよぶときは特にそうだ（刑法やさまざまな規制要件がその例である）。その命題は大まかすぎるだろう。一つだけいえるのは、目標が支持されるときでさえ命令は反対されやすく、そして、選択の自由が保たれている介入は強く支持されるということである。

支持政党によるナッジバイアス

政治的な要素は、ナッジに対する人々の評価に大きく影響するのだろうか。アメリカ人を対象とする今回の調査では、共和党支持層は民主党支持層と比べてある種のナッジを認める傾向が弱いという意味で、政治（支持政党）がナッジへの評価そのものに大きく影響することが裏付けられている。また、これもすでに述べたように、共和党支持層は民主党支持層と比べて、ある種のナッジを認める傾向が強い。これらの結果から、ナッジそのものの評価に対する政治の影響はかなり幅広いように思われる。ある政権が行動情報を活用したツールを使用するときには、その政権に反対する傾向がある人は、たぶんそのツールを高く評価しないだろう。

次のような仮説を考えてみてほしい。「少なくとも広い意味では、ナッジそのものについてよく考えたうえでの意見というものはない。ナッジに対する評価は、特定のナッジ、あるいは頭に浮かんだ特定のナッジがもつ政治的意味に賛成するかどうかで決まる」。

この見方は、もっと具体的なエビデンスで裏付けられている。デヴィッド・タネンバウム、クレイグ・フォックス、トッド・ロジャーズは、一連の研究を通じて、3人が「支持政党によるナッジバイアス」と呼ぶものを発見している。[9]

3人は年金プランに自動加入させようとする政策に焦点を絞り、それをブッシュ政権、オバマ政権、匿名の政権のいずれかが実行したとする状況に参加者をランダムに割り当てた。そして、この政策ナッジについて情報を与えた後で、デフォルトは「この事例にとどまらず、幅広い政策に使われる可能性がある」と特に注記し、この例はひとまずおいて、「公共政策への一般的なアプローチとして、デフォルトの選択肢を積極的に設定することについて、どう感じるか」と質問した。[10]

この調査によって明らかになったことは、次のとおりである。一般的な質問では、質問文に書かれたナッジを実行したのがブッシュであるかオバマであるかが参加者に大きく影響した。年金のデフォルトがオバマによって設定されたという情報を与えられると、リベラル層は、デフォルトの設定を一般的な政策ツールとして使うことを相対的に支持する傾向があったが、保守層は反対する傾向を示した。しかし、同じ政策がブッシュによって実行されていたと伝えられると、そのパターンは消えた。リベラル層はデフォルトの設定に相対的に反対したが、保守層は支持した。

タネンバウムらはまた、「リベラル」「保守」といった政治的意味を連想させる政治的誘発性（特定の政治的指向をもつ人をひきつけたり、遠ざけたりする性質）があり、リベラル層と保守層では反射的にまったく異なる反応を示す一連のナッジについても質問した。対象となったのは、現行の補助的栄養支援プログラム（フードスタンプ）に参加する低所得者を増やすナッジ（リベラルな政策）、現行のキャピタルゲイン課税優遇措置の適用を申請する高所得者を増やすナッジ（保守的な政策）、安全なセックスと効果的な避妊方法について指導する教育プログラムに参加する高校生を増やすナッジ（リベラルな政策）、知的設計論を教える教育プログラムに参加する高校生を増やすナッジ（保守的な政策）、文脈に依存しない包括的な政策事例（誘発性なし）である。

政策ナッジは次の5種類だった。

(1) 自動加入デフォルト

(2) **実行意図**
(3) **公約**
(4) **損失の強調**
(5) **記述的社会規範**

1回目の調査と同様、関連する事例を見せた後で、ナッジ全般についてどう考えるか質問した。質問文では、このアプローチは一般的なものであり、幅広い政策分野に使うことができると特に注記された。

結果は明瞭だった。説明に使われた事例の政治的目標を支持するときは、ナッジ全般に賛成する傾向が統計的に有意に高い。ナッジが伝統的にリベラルな政策（フードスタンプ、安全なセックス）に適用されたときは、リベラル層はナッジを政策ツールとして相対的に支持したが、保守層はナッジを広く利用することに相対的に反対が多かった。伝統的に保守的な政策目標（キャピタルゲイン税制、知的設計論教育プログラム）に同じナッジを適用すると、このパターンが逆転した。

興味深く、かつ重要なポイントとして、ナッジが包括的な政策目標にとりいれられたときは、政治的指向とナッジに対する人々の評価との間には関連がなかった。保守層とリベラル層は一般的質問では意見の相違がないようだ。

特に目を引く結果として、リバタリアン（自由至上主義者）はリバタリアン的な考え方をもたない人に比べてナッジを認めない傾向があるが、結果を予測する因子としては、特定の政策に関する態度のほうがリバタリアニズム全般に関する態度よりもはるかに有意だった。

タネンバウムらは、これと同じ基本戦略を使って、アメリカの市長、州政府・地方政府の官僚など、実際の政策立案者の反応をテストした。参加者には、2種類の自動加入デフォルトについて質問した。参加者の半分は、低所得者が自動的に補助的栄養支援プログラムから給付を受けることをデフォルトとするシナリオを読み、残り半分は、高所得者が自動的にキャピタルゲイン課税の優遇措置を受けることをデフォルトとするシナリオを読んだ。質問文には「汎用的な政策ツールとしてナッジを評価してください」と明記された。その結果、ここでも同じパターンが認められた。政策立案者の全体的な評価は、示された事例が「リベラルな政策」であるか「保守的な政策」であるかに大きく影響されたのである。

要約すると、次のようになる。「自分が反対する政策目標にナッジが適用されるか、自分が反対する政策立案者が適用するときは、ナッジには倫理的に問題があるとみなされやすくなるが、自分が支持する政策目標に適用されるか、自分が支持する政策立案者が適用するときは、同じナッジが受け入れられやすくなる」[11]。

人々は自分自身の目標を後押しするナッジを支持し、自分自身の目標を妨げるナッジを拒否するとわかっても、特に驚くことではないだろう。それよりも興味深いのは、多くの人には、単純にナッジそのものに強い意見や確固とした意見がないように見えることだ。

ナッジについての全体的な意見は、どのような事例が示されるかに左右される。これはおそらく、事例を目にするとある種の情動反応が引き起こされるからであり、ナッジが実際にどのように使われるかに関する情報を伝えるものと受け止められるからだろう（いうまでもなく、そうした情報は全体的な評価に影響する）。この場合には、具体例は、より幅広く、より難しい問いに答えを出すためのヒューリスティクス、つまり心理的な近道として使われる。

ナッジの政治経済学という視点からとらえると、こうした点が意味するところは明らかである。ナッジの倫理、さらにはナッジそのものに関する市民の判断は、人々がどの方向にナッジされることになるかという実質的な内容に関する判断のアーキファクトになる可能性が高い。

注目すべき点として、イギリスでは、ナッジというと保守党（およびデヴィッド・キャメロン元首相）を強く連想させるので、右派からの懸念が低くなっていると考えられる（そしておそらく、左派からの懸念は高くなっている）。この点には過剰に反応するべきではない。これまでに見たように、現職大統領を強く支持する人たちでさえ、大統領が保身を図るナッジ（現職の指導者に投票することをデフォルトとするシステムをつくるなど）を断行したら、強硬に反対するだろう。利益相反にあたる自己取引や広く浸透している社会規範の違反といった悪質なケースでは、自由社会の市民は（あるいは非自由社会の市民でさえ）、根底にある内容をどう考えようと、激しい怒りを覚えるはずである。しかしある程度までは、政策に対する評価には政治的な要素が反映されるだろう。

アメリカにおけるナッジへの評価——二つの結論

一般的な結論として、次の二点があげられる。

第一に、大半のアメリカ人は、民主的社会が近年にとりいれているか、とりいれることを真剣に検討しているナッジを支持している。

第二に、選択アーキテクトの動機に不信を抱くときや、惰性や不注意のせいで市民の価値観や利益に反する結果になるかもしれないと不安を感じているときは、その支持は減る。特にアメリカ人が反対するのは、明確な同意なくお金などの大切なものを失うことになる結果を選択アーキテクトが生み出す状況である。

4

Europe

第4章｜ヨーロッパでの調査結果とナッジへの評価

ヨーロッパにおけるナッジへの反応

アメリカには、多くの点で独自の文化がある。学者にも政治家にも、「アメリカ例外主義」を唱える人もいるほどだ。[1] 通説では、アメリカ人は自由に対する意識が強く（アメリカは一度も封建制だったことがないからだろう）、そのため政府不信の水準がきわだって高いとされる。ただし、これまで見てきたように、ナッジに関しては、高い水準の政府不信は認められなかった。

この章では、ヨーロッパ6ヵ国のナッジに対する評価を見ていくが、ヨーロッパ諸国はそれぞれ文化も伝統も違うため、その反応は国によって著しく異なるものになると思われる。ただ、ナッジそのものに対する受容度は、全体としてアメリカよりも高くなるだろう。

ヨーロッパを代表する六つの国

この章で調査結果を報告するヨーロッパ6ヵ国とは、デンマーク、フランス、ドイツ、ハンガリー、イタリア、イギリスである。[2] 多数のヨーロッパの国々からこの6ヵ国を選んだのには理由があり、それは、文化や地理が異なる地域や社会経済体制、政治の伝統が異なる地域を代表させるためだ。それ以外のいくつかの国に関しては後の章で追加するが、ここでは、調査対象とした6ヵ国の特徴と、そこから予想されるナッジに対する反応をまとめておこう。

- デンマーク：北欧の福祉国家。ナッジには特に好意的ではないかと思われる。
- ドイツ　：社会的市場経済国。冷戦とシュタージ（旧東ドイツの秘密警察）の経験から、パターナリズムに対して歴史に根ざした深い不信感があると考えられる。
- ハンガリー：中央ヨーロッパのポスト社会主義国。
- フランス・イタリア：政治体制、問題、強み、経験が異なる二つの南欧国家。
- イギリス　：2010年以降、ナッジが政策ツールとして世界的に浸透する先駆けとなった国で、これまでもナッジが議論されている。

ヨーロッパ6ヵ国に対する調査のまとめ

この調査で明らかとなったのは、シンプルで意外な結果であった。ヨーロッパの調査対象国でも、その目的が正当だと考えられ、かつ多くの人の利益になるか価値観に合うと考えられるナッジは、かなりの割合で支持された。これはアメリカと同様の結果である。

今回テストした15のナッジのうち、12については、ごく限られた条件はつくものの6ヵ国を通じて幅広く支持された。残る三つのナッジについては、6ヵ国を通じて幅広く反対されている。この結果から、異質な国々の間にも、ナッジに対しては実質的にコンセンサスが認められることがわかる（それゆえ、第9章で論じるナッジの権利章典は、すべての国に適用できるものであるとわれわれは考えている）。

反対が上回った三つのナッジのうち二つは、第1章で触れた原則――政府はたとえ正当な理由があっても、積極的な同意を得ることなく、人々からお金を取り上げてはならない――に反している。この原則については、ヨーロッパでは明確なコンセンサスがあると見てよいだろう。

慈善寄付でも、炭素排出料金（カーボンオフセット）でも、同意なく負担を強いるデフォルトルールを設定することは容認できないと過半数の人が考えている。人には自分の資産を保持する権利があるということがデフォルトになっていると広く考えられており、この調査結果にもそれが反映されているのではないだろうか。持ち主が自分の意思を明確に示さないまま、資産を勝手に奪うことは許されない。この調査結果と、行動バイアスとしてよく知られている「損失回避」とは関係があるといえる。

また、アメリカでの結果と同様、ヨーロッパ6ヵ国でも、明らかに操作的なナッジは拒否された。喫煙と過食をやめるように説く映画館でのサブリミナル広告キャンペーンがそうだ。サブリミナル広告は認知処理の過程に無意識に訴えかけるため、明らかに人を操作しようとするものだとみなされたということである。

このように、ヨーロッパ6ヵ国については、全体としてはコンセンサスが見られた。だがもちろん、それぞれの国にも注目すべき相違が認められた。

デンマーク、ハンガリーでは、たしかに多くの市民がナッジを支持したが、それでもフランス、ドイツ、イタリア、イギリスに比べると、その受容度は有意に低い。[3]

また、興味深いことに、ヨーロッパ6ヵ国では、支持政党とナッジの賛成・反対との間には一貫した明確な関連性は認められなかった。

調査結果の分析

ヨーロッパにおける調査方法

ヨーロッパ6ヵ国でも、オンラインで、全国代表調査を実施した。回答者はデンマーク、フランス、ドイツ、ハンガリー、イタリアがそれぞれ約1000人、イギリスは約2000人である。6ヵ国すべてでインターネットユーザー数と実際の人口とがほぼ等しいこと、また、層化抽出法（母集団をいくつかの層に分け、各層から標本を選び出す方法）によって調査対象を定めたことから、この調査は実際の国々の世論をある程度、的確に表していると考えてよいだろう。その一方で、このオンライン調査ではアドホック（単発）調査ほどの高い代表性が保障されるわけではないという限界も承知している。

この調査の質問票は、第1章で使ったものをもとに作成した。ただし、ヨーロッパの状況に合わせるため、そしてまた、6ヵ国の代表サンプルを得られるようにもするために、質問項目の数は15に減らした（アメリカ版の質問票には、ヨーロッパではすでに実際の政策として導入されているものが含まれているため）。アメリカ版調査票から13項目を選び、ヨーロッパの政界で当時議論されていた二つの介入を付け加えた形である。具体的に付け加えた項目は、

(1) レジ周辺に菓子類を置かないようにすることをスーパーマーケットチェーンに義務づける（ナッジ14）

(2) 週1回、肉料理を提供しない日をつくることを公共機関の食堂に義務づける（ナッジ15）

である（ただし、ナッジ15は選択の自由が確保されていないため、厳密にはナッジとはいえない。ナッジ15という呼称は便宜上のものにすぎない）。

質問項目には、情報提供キャンペーンなどの教育的ナッジとデフォルトルール化（干渉の程度が違うもの）、意思決定する負担を減らす非教育的ナッジとよく考えて判断を下すようにさせる教育的ナッジ（これらについては第7章でくわしく論じる）、健康／食品、エネルギー／気候、持続可能性、臓器提供、オンライン契約など、さまざまな分野をカバーするナッジを選んだ（表4・1参照）。

ここで強調しておきたいことがある。アメリカ版調査と同じように、一連の介入についてはあえて骨格だけを示した点だ。たとえば、介入の主体（指導者や政党など、誰が介入するのか）、ナッジを

表4.1◉調査の質問項目

1. 政府がチェーンレストラン(マクドナルド、バーガーキングなど)でのカロリー表示を義務づける。
2. 政府が食品の「交通信号」システムの導入を義務づけて、健康によい食品には小さな緑のラベル、体に悪い食品には小さな赤のラベル、特に健康によいわけでも、特に体に悪いわけでもない食品には小さな黄色のラベルをつけて販売することを求める。
3. 政府が電力事業者に対して、消費者が自動的に「グリーン(環境にやさしい)」エネルギー事業者に加入するシステム(加入したくない場合は、その意思を表示すれば拒否できるオプトアウト方式)を採用することを推奨する。
4. 法律に基づいて、自動車の運転免許証を取得するときに、臓器提供をしたいと思うかどうか答えることを義務づける。
5. 法律に基づいて、すべての大規模食料品店に対し、取り扱い商品の中で健康によい食品を目立つところに陳列して、買い物客の目にとまりやすくすることを義務づける。
6. わき見運転に関連した死者・負傷者を減らすために、自国政府が啓発キャンペーンを展開し、生々しく、ときに目を背けたくなるような話や映像を使って、運転中に携帯電話でテキストメッセージやメールを送ったり通話したりしないように訴える。
7. 子どもの肥満を減らすために、自国政府が啓発キャンペーンを展開し、親が子どものためにより健康によい選択をするために使える情報を提供する。
8. 政府が映画館に対して、喫煙と過食をやめさせるためのサブリミナル広告(人が意識的に気づかないほどの非常に短い時間表示される広告)を上映することを義務づける。
9. 政府が航空会社に対して、航空券をもっている人に一定額を上乗せして二酸化炭素を排出した分を相殺することを義務づける(金額はチケット1枚につき約10ユーロ)。支払いたくない場合には、その意思を表示すればオプトアウトできる。
10. 政府が、塩分が非常に多い食品に「この食品には塩分が非常に多く含まれており、あなたの健康を害するおそれがあります」といった警告ラベルの表示を義務づける。
11. 政府が、人々は税還付時に50ユーロを赤十字(または別の慈善団体)に寄付したいと思っているということを前提として、寄付したくない場合には、その意思を表示すればアプトアウトできる。
12. 政府が映画館に対して、喫煙と過食をやめさせるための啓発メッセージを上映することを義務づける。
13. 政府が大規模な電力事業者に対して、消費者が自動的に「グリーン(環境にやさしい)」エネルギー供給会社に加入するシステムを採用することを義務づけるが、加入したくない場合には、その意思を表示すればオプトアウトできる。
14. 肥満問題の拡大を止めるために、政府が大規模スーパーマーケットに対して、レジ周辺に菓子類を置かないようにすることを義務づける。
15. 公衆衛生の向上と環境保護を目的として、政府が公共機関(学校、行政機関など)の食堂に対して、週1回、肉料理を提供しない日をつくることを義務づける。

実行するまでのプロセス（公的な支援があるかないかなど、どのように実行するのか）は明記していない。

介入の主体や実行プロセスが人々の判断に影響するかどうか、影響するとしたらどの程度するかはテストする価値がある事柄だが、この調査の目的は、ナッジに関する知識をまったくもたない状態で人々がどう判断するかを検証することであるため、今回は詳述を避けた。

質問票は完全に構造化され、すべての回答者に同じやり方で同じ質問をして、比較しやすいデータを得られるように設計されている。質問はランダムに表示された。質問は1画面に一つずつ表示され、回答者には、問1から順番に質問文に従って答えてもらう。

たとえば、「あなたは次に示す架空の政策に賛成ですか、反対ですか」という質問に対して、二つの回答の選択肢は縦一列に表示された（1行目が「賛成」、2行目が「反対」）。

質問票は英語版を各言語に翻訳・逆翻訳した。デンマーク、ハンガリー、イギリスについては、質問票の表示通貨を変更し、ユーロをデンマーククローネ、ハンガリーフォリント、イギリスポンドにそれぞれ換算した。サンプリングと調査の詳細はともに章末にまとめた。

調査はＩＳＯ認証を取得している市場調査機関ＧｆＫ（Gesellschaft für Konsumforschung）が2015年9月の最初の2週間に実施した。これはヨーロッパ諸国がいわゆる「難民危機」に見舞われる直前である。難民危機はヨーロッパの政治や政府の政策に対する世論に非常に大きなインパクトを与え、政治的右派にあたるポピュリスト政党支持へと著しくシフトさせた（難民危機の影響はいまも続いている)。

「15の介入」に対する反応

全調査対象国のすべてのナッジに対する評価の概要は、表4・2に示している。一部の例外を除いて(特に「ナッジ」の基準を満たさないサブリミナル広告、航空機使用時の温室効果ガスの相殺義務づけ、税還付時の寄付のデフォルト設定。また、程度は低いものの、喫煙や過食をやめさせるための情報提供キャンペーンや肉料理を提供しない日の義務づけ)、すべての国で賛成が半数を超えているのが見て取れる。

さらにくわしく分析・検証するために、15の質問を干渉度別に五つのカテゴリーに分け、カテゴリーごとの平均賛成率を算出した。その五つのカテゴリーは以下の通りである。

(1) **純粋な政府のキャンペーン**:子どもの肥満(ナッジ7)、わき見運転(ナッジ6)、喫煙・過食について人々を教育するもの(ナッジ12)。

(2) **義務づけ型の情報提供ナッジ**:政府が民間に対して、食品の栄養価や健康を損なうリスクを

表4.2◉調査対象6ヵ国の15のナッジに対する賛成率の概要

		イタリア	イギリス	フランス	ドイツ	ハンガリー	デンマーク
1	チェーンレストランでカロリー表示を義務づける	86	85	85	84	74	63
2	健康によい食品かどうかを表示する「交通信号」システムの導入を義務づける	77	86	74	79	62	52
3	消費者がグリーンエネルギー事業者に加入するデフォルト設定を推奨する	76	65	61	69	72	63
4	自動車の運転免許証取得時に臓器提供に関して能動的選択を求めることを法律で義務づける	72	71	62	49	54	62
5	大規模食料品店が健康によい食品を目立つところに陳列する選択アーキテクチャーを支持することを法律で義務づける	78	74	85	63	59	48
6	わき見運転を減らすために生々しい画像を使った啓発キャンペーンを行う	87	88	86	82	76	81
7	子どもの肥満を減らすために親がより健康によい食品を選択するように促す啓発キャンペーンを行う	89	88	89	90	82	82
8	映画館が喫煙と過食をやめさせるためのサブリミナル広告を上映することを義務づける	54	49	40	42	37	25
9	航空会社が顧客に炭素排出料金の支払いを義務づける	40	46	34	43	18	35
10	塩分が非常に多い食品に警告ラベルの表示を義務づける	83	88	90	73	69	69
11	市民が税還付時に50ユーロを赤十字に寄付することをデフォルトに設定する	48	25	29	23	37	14
12	映画館が喫煙と過食をやめさせるための啓発メッセージを上映することを義務づける	77	67	66	63	40	35
13	エネルギー事業者が顧客のグリーンエネルギーへの加入をデフォルトに設定することを義務づける	74	65	57	67	65	55
14	スーパーマーケットでレジ周辺に菓子類を置かないようにすることを義務づける	54	82	75	69	44	57
15	公共機関の食堂で週1回、肉料理を提供しない日をつくることを義務づける	72	52	62	55	46	30

注：全体の支持率（%）。重み付けなしの結果。

表示することを義務づけるもの（カロリー表示（ナッジ1）、塩分が非常に多い食品のラベル表示（ナッジ10）、「交通信号」表示（ナッジ2））。

(3) **義務づけ型のデフォルトルール**：政府が民間に対して、グリーンエネルギーの自動加入（ナッジ3、13）、二酸化炭素の排出料金（ナッジ9）、赤十字への寄付（ナッジ11）などをデフォルトとするルールや、小売店が健康によい食品を支援する選択アーキテクチャー（ナッジ5）、臓器提供に関する能動的選択を義務づけるもの（ナッジ4）。

(4) **義務づけ型のサブリミナル広告**：政府が映画館に対して、喫煙や過食をなくすために上映することを義務づけるもの（ナッジ8）。

(5) **義務づけ型の選択アーキテクチャー**：スーパーマーケットに対する消費者のためのナッジ（レジ周辺に菓子類を置かないようにする（ナッジ14））のほか、単なるナッジを超える選択の編集（公共機関の食堂で肉料理を提供しない日をつくる）を義務づけるもの（ナッジ15）。

社会人口統計学的変数の選択と政治的選好の測定

調査対象の6ヵ国では、大量の社会人口統計学的変数が収集された。こうした変数の大部分については国際間での比較可能性が限られているため、本書では、年齢と性別という、二つの変数についてのみ報告する。

また、回答者に前回の国政選挙で誰に投票したかを質問（「前回の国政選挙では、あなたはどの政党に投票しましたか」）することで政治的選好や支持政党を測定しており、この結果についてもあわせて報告する。

なお、欧州議会を代表する議会グループに関しては、専門家の助言を踏まえて、政党を六つにグループ分けした。「保守／キリスト教民主主義」「左派／社会主義／共産主義」「リベラル」「環境」「ポピュリスト」「その他」である。

この分類はかなり大雑把で、一部の国や政党ではあてはめるのは非常に困難であったが、それでも支持する政党によって人々の回答に大きな差がある場合には、追跡が可能だろうと判断した。詳細はこの章末の表Ａ４・２、表Ａ４・３に示している。

統計分析の方法

第一段階では、個々のナッジに関する賛成／反対の比率を国別に分析し、その主要な結果に焦点を合わせた。賛成率は図４・１から図４・５に示している。

次の段階では、各国内で社会人口統計学的変数（年齢・性別）と政治的選好（支持政党）による賛成率の有意な差がないかチェックした。データはネスト構造（個人が一つの集団だけに所属している入れ子構造）であるため、国をレベル1、個人の回答者の属性をレベル2とした2レベルのランダム切片モデル（データのばらつきを考慮したモデル）を特定し、マルチレベル回帰分析（階層構造をもつデータの変数間の関係を明らかにする手法）を行った。今回の調査のようなサンプルでは、個々のデータを個別に見ることはしていない。これは、同じ国内の人同士の回答は、別の国同士の人の回答よりも似ている傾向があるからである。

賛成率を従属変数（結果となる変数）として、干渉のレベル（「弱い」から「過剰」まで）ごとにマルチレベル回帰を推定した。そのために干渉のレベルごとに賛成率の平均値を算出した。前にざっと説明したように、15のナッジを干渉度に応じて五つのグループにカテゴリー分けしている。独立変数（原因となる変数）としては、年齢、性別のほか、個人レベルでは政治的態度、国レベルでは国を使用している。

ヨーロッパ6ヵ国における調査結果の分析

「純粋な政府のキャンペーン」に対する評価

「政府が情報を提供するだけ」という最小限の干渉にあたる三つのナッジについて見ていこう。対象となったナッジは具体的に、

(1) 子どもの肥満を減らすための啓発キャンペーン（ナッジ7）
(2) わき見運転による死者・負傷者を減らすための啓発キャンペーン（ナッジ6）
(3) 喫煙と過食をなくすための映画館での啓発キャンペーン（ナッジ12）

である。

三つのナッジの6ヵ国の平均賛成率は76・9％だった。6ヵ国すべてで、(1)(2)とも、圧倒的多数が支持した（図4・1参照）。(3)は(1)(2)よりも意見が分かれると予想しており、実際にそうなった。

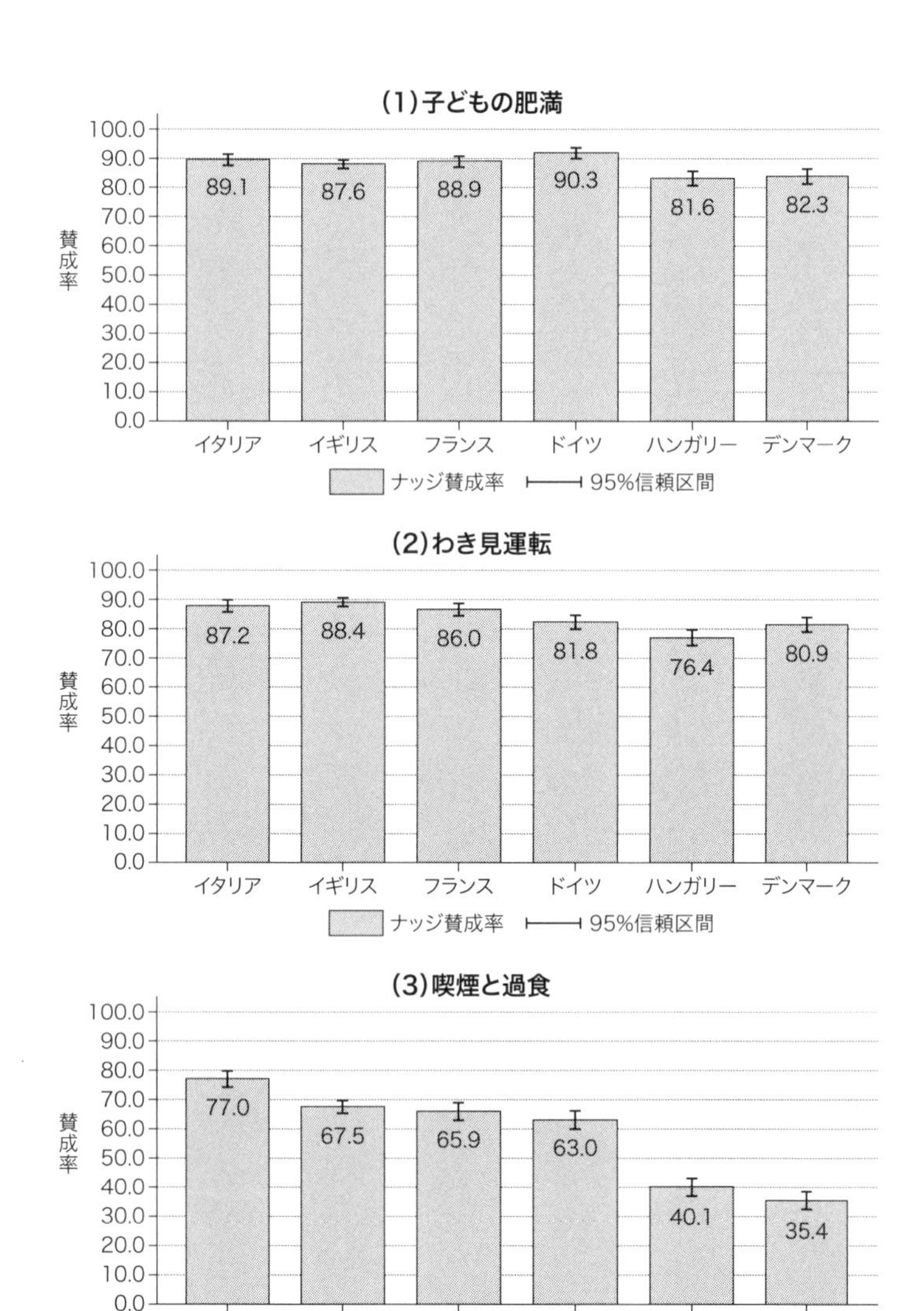

図4.1◉情報提供ナッジに関する棒グラフ:政府のキャンペーン、全体の支持率(%、重み付けなし)

イタリア、イギリス、フランス、ドイツでは過半数が支持したが、支持の水準は⑴⑵よりも低く、デンマークとハンガリーでは、過半数が反対した（この二つの国グループの間では統計的に有意な差が認められた）。

「義務づけ型の情報提供ナッジ」に対する評価

「民間部門への命令」という形をとった、健康によい食生活を促進するための三つの情報提供ナッジについて見ていこう。対象となったのは、

⑴ カロリーのラベル表示（ナッジ1）
⑵ 塩分が非常に多い食品のラベル表示（ナッジ10）
⑶ 健康によい食品かどうかを赤、黄、緑の交通信号形式で表示する「交通信号」システム（ナッジ2）

の三つである。

こうしたナッジは、民間の機関（企業）が行動を起こすことが求められるので、政府そのものが行う啓発キャンペーンよりも干渉の度合いが大きいように見えるかもしれない。

しかし、三つとも過半数の支持を獲得し、6ヵ国全体の平均賛成率は78・0%となった（図4・

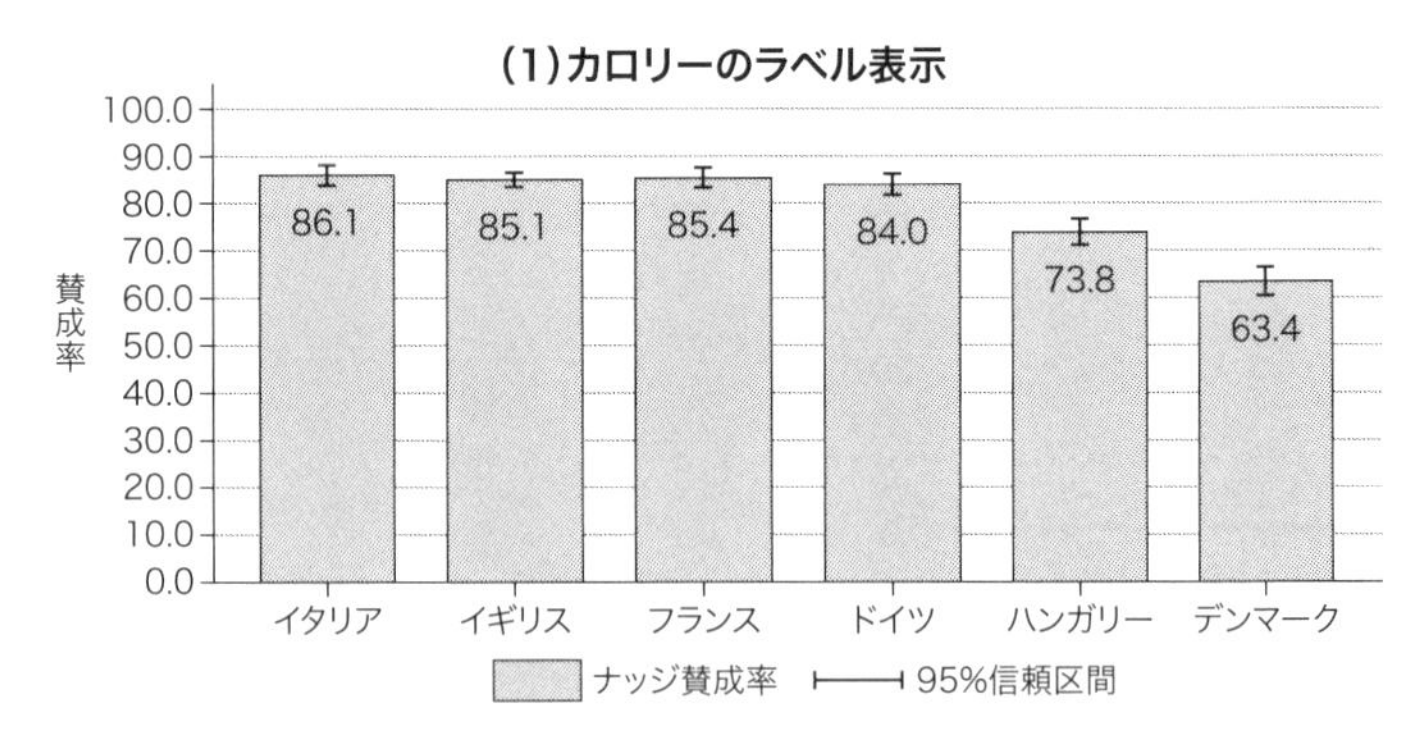

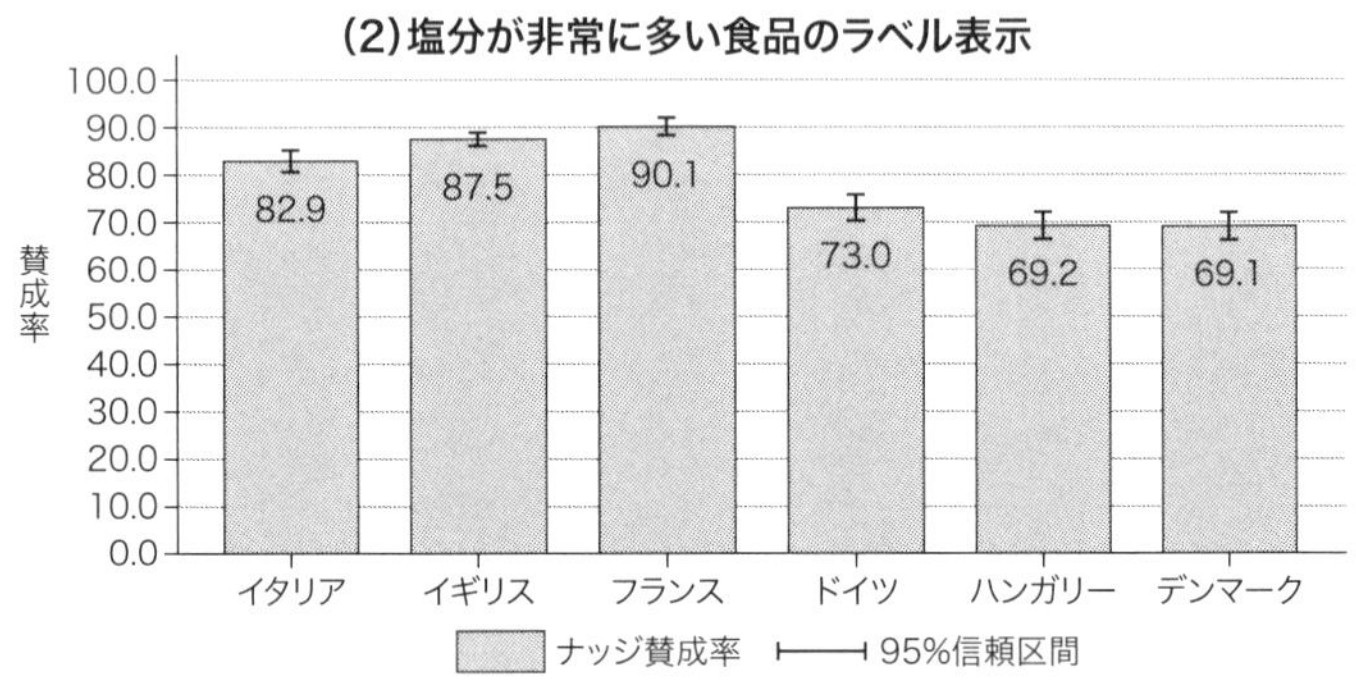

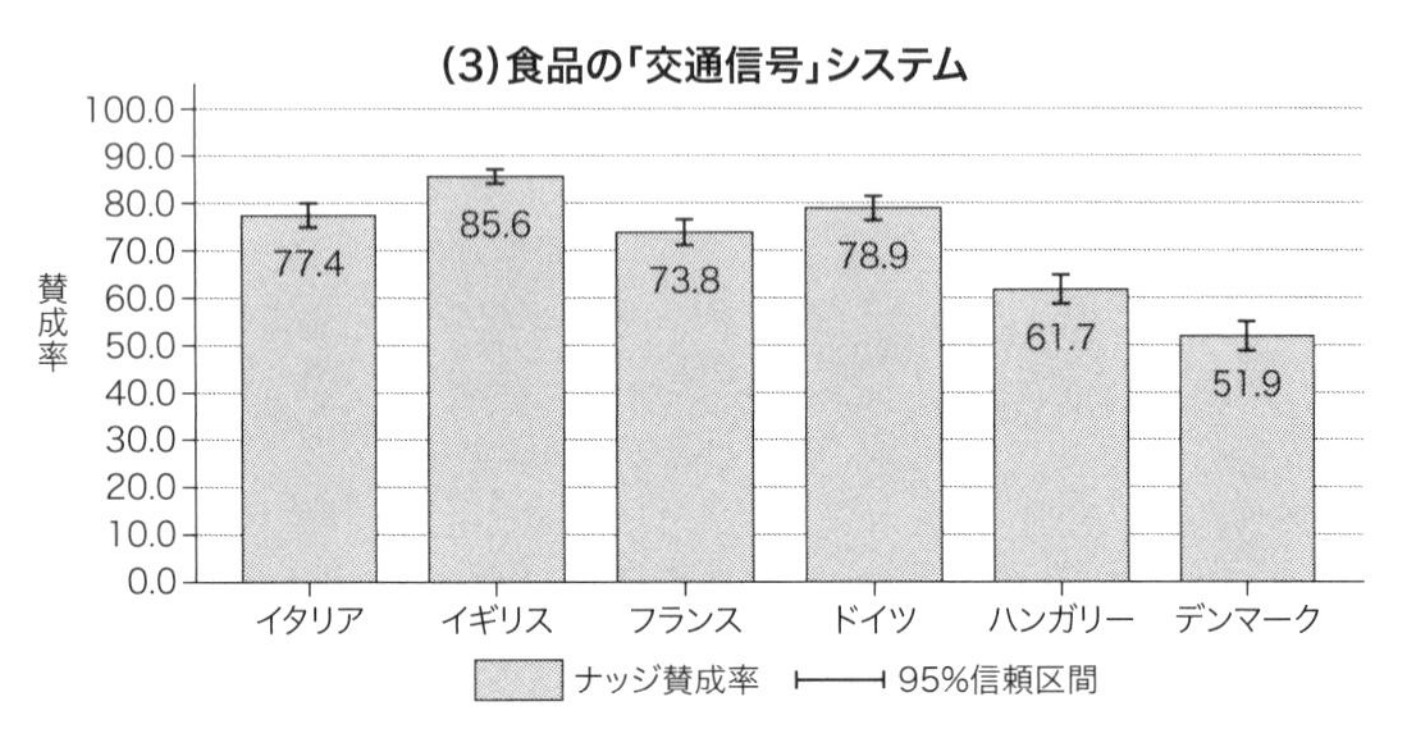

図4.2◉情報提供ナッジに関する棒グラフ：政府による命令、全体の支持率（%、重み付けなし）

2参照)。ここでも最も注目されるのは、デンマーク、ハンガリーと、イタリア、イギリス、フランス、ドイツとの間の意見の違いである。デンマークとハンガリーは、過半数が賛成したものの、支持の水準は統計的に有意に低かった。

「義務づけ型のデフォルトルール」に対する評価

「義務づけ型のデフォルトルール」は、ナッジの中でも特に人々に与える影響が大きい。そこで回答者には、意見が分かれそうな五つの種類について質問した。

(1) **グリーンエネルギーへの自動加入を政府が推奨する**(命令は出されない、ナッジ3)
(2) **グリーンエネルギーの使用をデフォルトとすることを政府が義務づける**(ナッジ13)
(3) **旅客機を利用するときには炭素排出料金を支払うことをデフォルトとする**(ナッジ9)
(4) **納税者が赤十字に50ユーロ**(相当額)**を支払うことをデフォルトとする**(ナッジ11)
(5) **大規模食料品店に対し、健康によい食品を目立つところに陳列して、買い物客が手にとりやすくすることを義務づける**(ナッジ5)

である。また、

(6) **運転免許を取得するときに臓器提供をしたいと思うかどうか答えるように義務づける**(ナッ

ジ4）

については質問した。(6)のように能動的な選択を求めるものはデフォルトルールとはいえないが、人々に判断を促すようにデザインされた選択アーキテクチャーの一種であるため、ここではデフォルトルールとしてグループ分けしている。

平均すると、6ヵ国全体で54・8％がこれらのデフォルトルールに賛成した。すべての国で、(1)と(2)は大多数の支持を得た（図4・3参照）。(5)については、デンマークを除くすべての国で過半数が賛成した。

また、すべての国で(3)(4)とも半数を上回る人が拒否した（図4・3参照）。このことは、「義務づけ型のデフォルトルール」において、賛成が反対を上回る場合でもその支持率が比較的低く、その賛成率はわずかに半数を上回るにとどまることを理解するための助けとなる。

ただし、興味深いことに、「(1)グリーンエネルギー推奨」のナッジだけは、6ヵ国の間で統計的に有意な差が見られなかった。

さらに、(6)は、ドイツを興味深い例外として、それ以外のすべての国で過半数が賛成した。

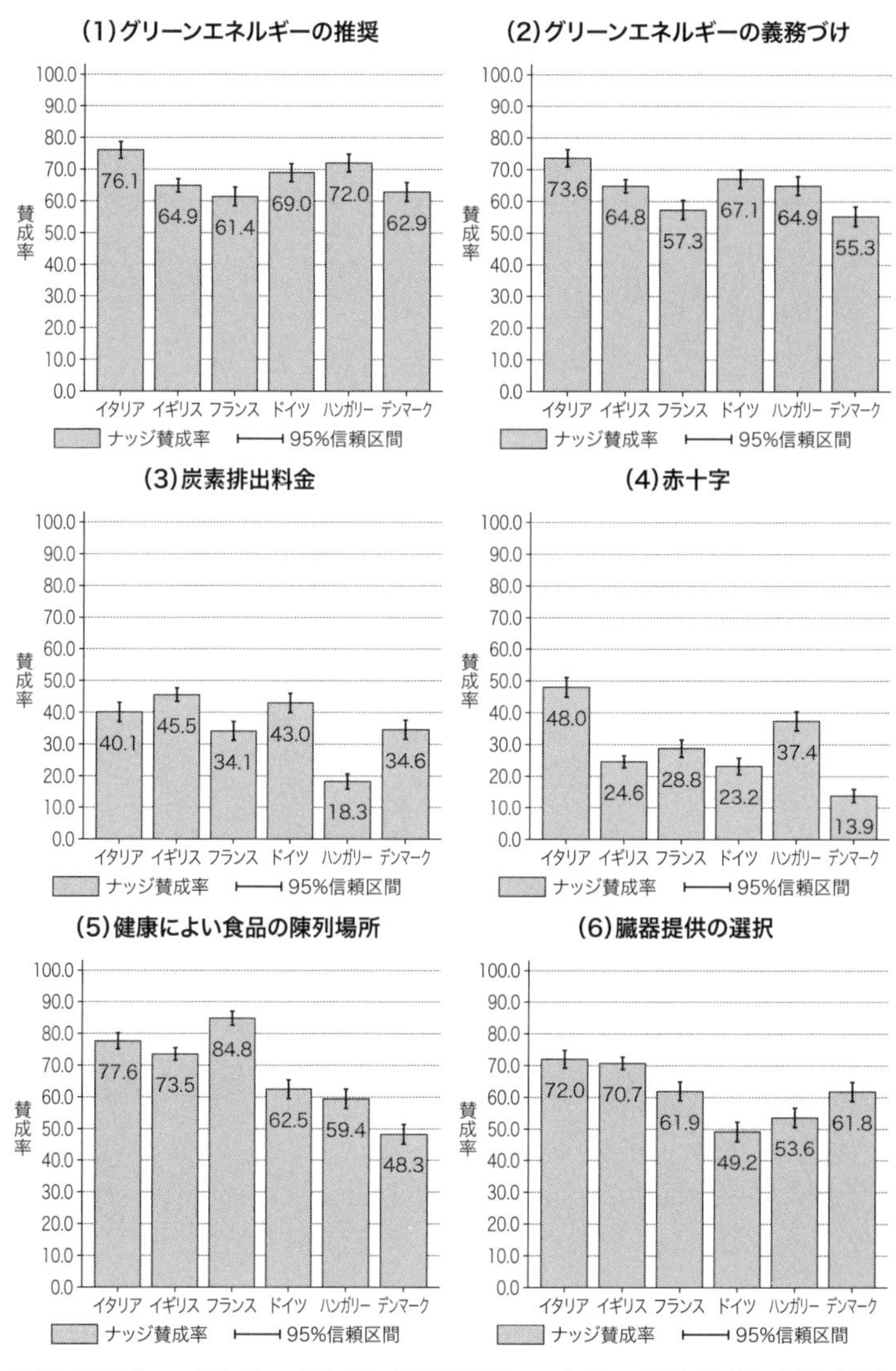

図4.3◉デフォルトルールに関する棒グラフ：全体の支持率（%、重み付けなし）

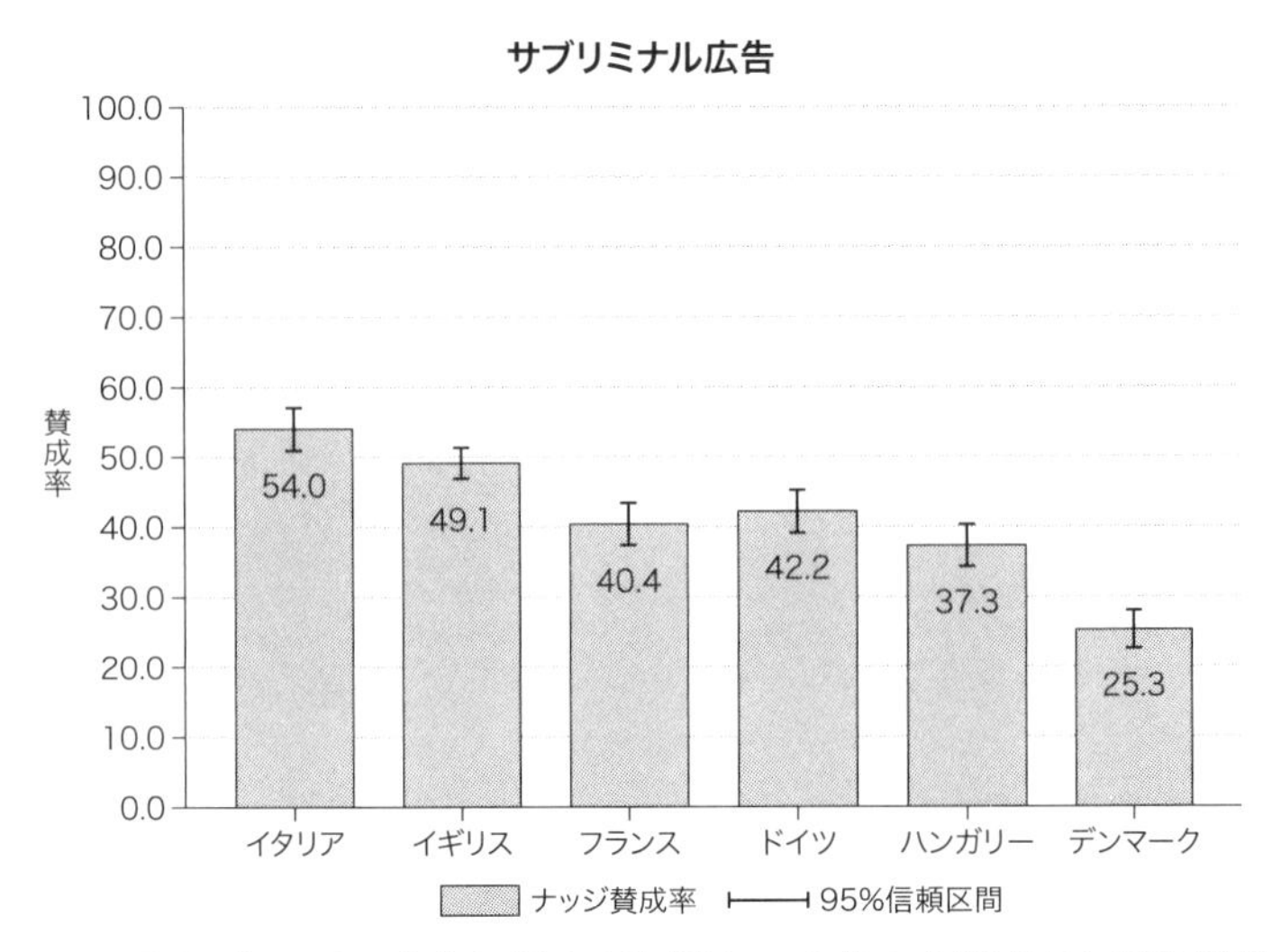

図4.4◉サブリミナル広告に関する棒グラフ：全体の支持率（%、重み付けなし）

「義務づけ型のサブリミナル広告」に対する評価

そして、明らかに人を操作しているとして広く拒否されるだろうと思われる「義務づけ型のサブリミナル広告」による介入について質問した。喫煙と過食をやめさせるために映画館でサブリミナル広告を上映することを義務づけるというもの（ナッジ8）である。

結果として予想どおり反対されたが、反対率が圧倒的であったわけではない。賛成率は平均で42・5％となり、不思議なことに、イタリアとイギリスでは半数超、あるいは半数近い支持があった（図4・4参照）。

「義務づけ型の選択アーキテクチャー」に対する評価

(1) レジ周辺に菓子類を置かない(ナッジ14)

(2) 公共機関のカフェテリア方式の食堂に肉料理を提供しない日をつくることを義務づける(ナッジ15)

という二項目は、強めの政府介入である。一部の国の小売店と食堂ではそうした選択アーキテクチャーを実験的にとりいれ、ヨーロッパの政界で物議をかもしているが、われわれが知るかぎりでは、これまでにこれらの政策について大規模な調査がなされたことはない。

なお、レジ周辺に菓子類を置かないようにすることは消費者のためのナッジとみなせるが、肉料理を提供しない日をつくることは、ナッジの範囲をはるかに超えているといえる。

この二項目についての6ヵ国全体の平均賛成率は59・6％である。図4・5に結果を示しており、スーパーマーケットのレジ周辺に菓子類を置かないようにすることは、ハンガリーを除くすべての国で、過半数が賛成している。少し意外なことに、公共機関の食堂で肉料理を提供しない日をつくることでさえ、ハンガリーとデンマークを除いて、過半数が賛成した。

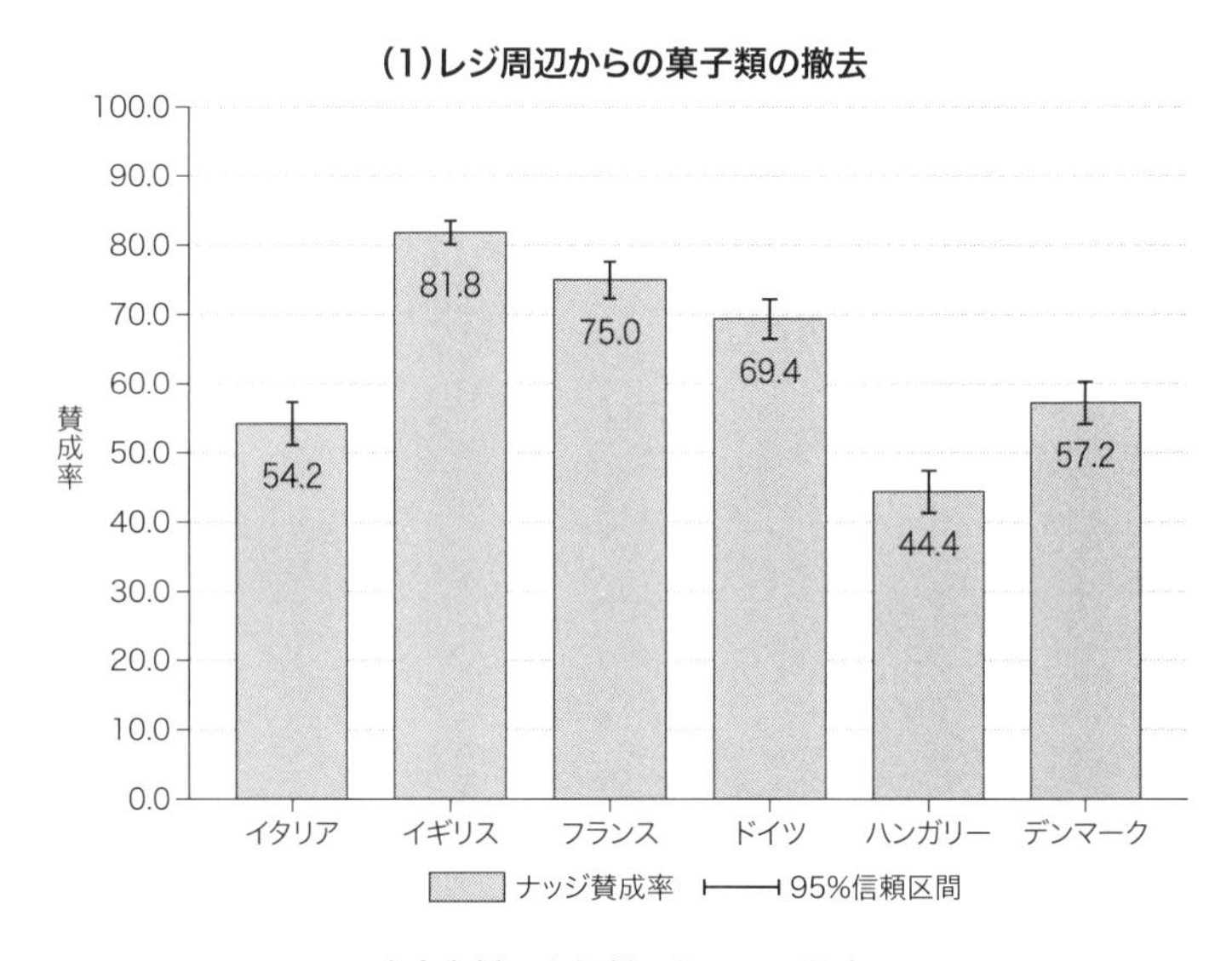

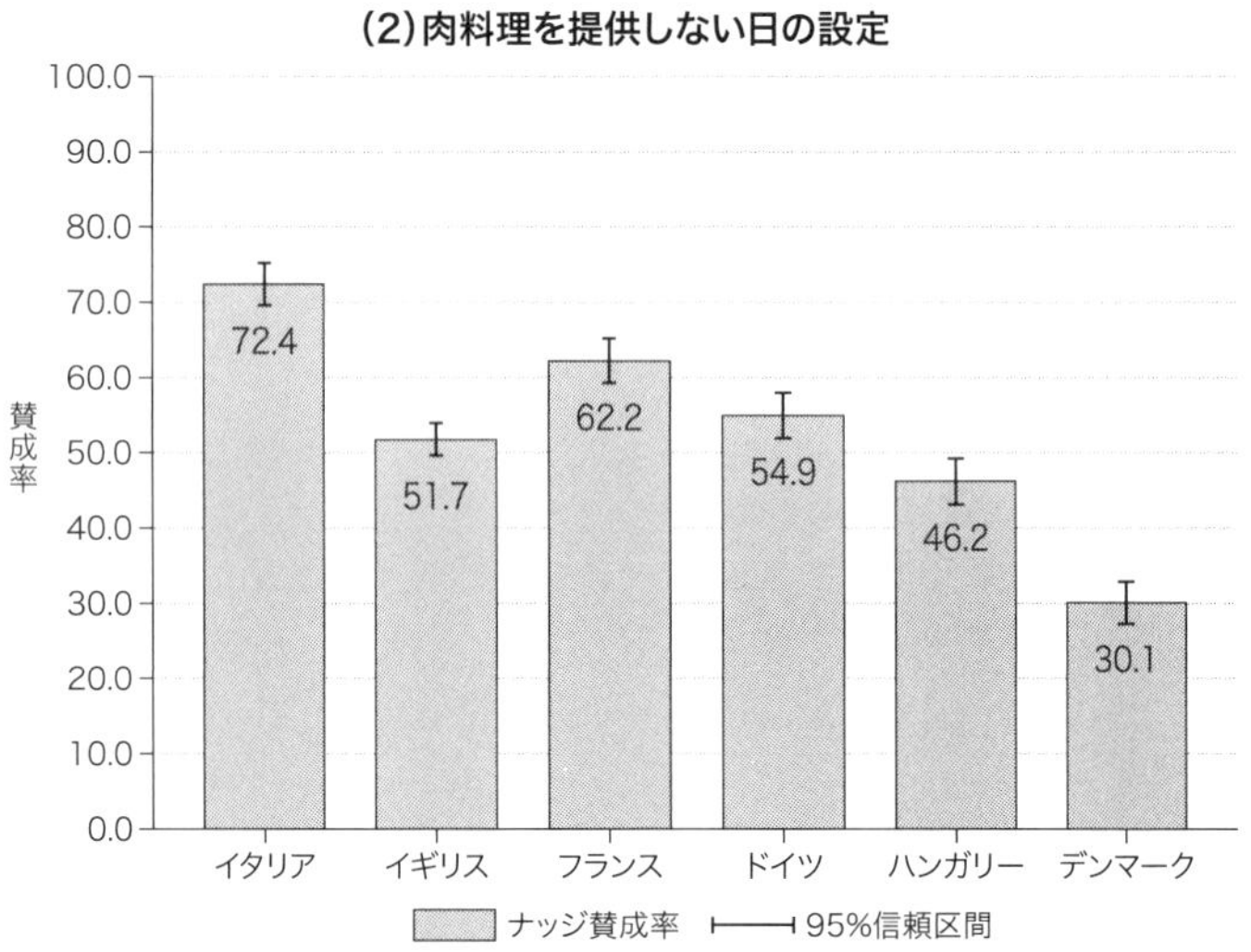

図4.5◉義務づけ型の選択アーキテクチャーに関する棒グラフ：全体の支持率（%、重み付けなし）

性別、年齢、政治的選好(支持政党)による賛成率の違い

今回の調査では15のナッジの大半が広く支持されたが、6ヵ国の間にはいくつかの大きな違いが見られた(図4・1〜図4・5を参照)。

また、本調査では国内や国グループ内で、人口統計学的なカテゴリー(性別や年齢)や政治的選好(支持政党)によって、ナッジへの評価に差がないかどうかも調査し、マルチレベル回帰分析を行ったところ、はっきりした結果が得られた(章末の表A4・4参照)。

基本的な構図として、性別を除いて(女性のほうがやや肯定的)、社会経済的属性による6ヵ国の人々のナッジに対する態度への明らかな影響は見られなかった。

高齢層のほうが「純粋な政府のキャンペーン」と「義務づけ型のデフォルトルール」を支持する傾向はあるものの、その程度も微々たるもので、また年齢による傾向は6ヵ国すべてで同じでもない。

この結果も、「政府がそのナッジでどのような目的を達成したいと考えているかで、ナッジが支持されるかどうかが決まる」ことを示唆しているといえるだろう。

ただし、デンマークとハンガリーは、他の4ヵ国と比べて、結果が明らかに違っていた。今回の調査では、このような国による違いが非常に顕著に表れたといえる。

ヨーロッパ6ヵ国の人々はナッジをどうとらえているのか？

全体的な特徴

ヨーロッパ6ヵ国に対する今回の調査結果の全体的な特徴として、最も明快なのは次のような説明である。

ヨーロッパでも、アメリカと同様、ナッジの目的が正当であり、大半の人々の利益につながったり価値観と一致したりすると考えられるときには、過半数の人がそれを支持する可能性が高い。この調査のようにナッジがシンプルな形で提示されれば、ナッジそのものが反対されることはないと考えてよいだろう。「義務づけ型のデフォルトルール」など、介入度のより高い選択アーキテクチャーの形をとるとしても、それは変わらない。

そうだとすると次のようなことがいえる。

人々は、介入そのものの程度――この場合、おそらく、「純粋な政府のキャンペーン」は一番介入度の弱いナッジであり、「義務づけ型のデフォルトルール」が一番介入度の強いナッジであり、「義務づけ型の情報提供ナッジ」がその中間に位置することになる――を直感的にとらえ、無意識にその程度を区別して受け取っている。しかし、今回の調査の結果が示唆するように、たとえ無意識にその介入の程度を区別して受け取っていても、介入の仕方によって人々の判断が根本から揺らぐということはない。人々の判断を左右する最大の要素は、ナッジが何を達成しようとしているかだ。

この調査でテストしたナッジの大半は、健康、安全、グリーンエネルギーを促進しようとしたものだった。多くの人はこうした目的そのものを支持するので、ナッジもその大半が認められたのである。

ただし、見落としてはいけない点として、今回の調査では政策そのものの効果（便益）と費用に関する情報は提供されていないことはあげておきたい。参加者の回答は、その政策によって起こりそうな結果に対する直感的な判断を反映していると思われ、それは間違っている可能性もある。

一つの例として、ある啓発キャンペーンについて、「実行するコストが高く、効果はほとんどないか、まったくない」という情報が回答者に与えられたとしよう。そうであるなら、そのキャンペーンに今回のような支持が集まることはないだろう。

もちろんこれは極端なケースだ。費用便益比が妥当であると支持の水準が上がるかどうか、そして、費用便益比が妥当とはいえない場合には支持の水準が下がるかどうかをテストしてみるのもおもしろいだろう。

第7章では、その疑問に関連する調査結果をいくつか提示する。

ヨーロッパ人のナッジに対する支持の水準は高いというわれわれの主張が成り立つかどうかは、関連する情報が与えられていないときに人々がどう反応するかによって決まることはいうまでもない。特に人々の判断は効果に関するそれぞれの事前知識に影響されることが避けられないため、架空でありながら人々が判断できる政策構想についての受容度を測り、その受容度の高さを確認することによって、ヨーロッパ人のナッジに対する支持の水準を知ることができると見ていいだろう。

今回の調査で特に注目すべき発見の一つは、大半のヨーロッパ人は、大半のアメリカ人と同じく、積極的同意なしに人のお金を取り上げるナッジを拒否することである。たとえ根底にある大義が人の心に訴えかけるものであってもそうなのだ。人間の惰性や不注意を利用して経済的その他の損失を生み出すような選択アーキテクチャーはいらないと考えられていることは明らかである。

おそらく、道徳の一般原則が、この手のナッジを阻む障害になっているのではないだろうか。その原則とは次のようなものである。「いま保有しているものの一部を手放すことになるのであれば、手放す意思を積極的に示してからでなければいけない」。これが広く共有された道徳原則であることは明らかだ。さまざまな倫理的な判断のよりどころになっているばかりか、契約法の根源にあるものかもしれない。契約法では、何らかの損失が生じる場合には事前に明確な同意が求められることが多い。

その一方で、この原則についてはいくつもの疑問点が残っているし、制限条件もつく。今回の調査の結果は、この原則は金銭（および身体の部位）に適用されることを示唆するものである。ならば、あらゆる種類の財産（不動産や著作権など）にもあてはまるのだろうか。われわれの考えでは、答えはイエスである。

では、時間にもあてはまるのだろうか。この答えもイエスだ。アメリカ人は、政府が将来の自分のために現在の自分からお金を取り上げようとするのであれば、それに反対しないことを思い出してほしい（第2章を参照）。同じことは、ヨーロッパのいくつかの国の市民にもいえる。

だから、デフォルトルールの主眼が、不正行為の犠牲者に補償をすることであるのなら、この原則に反するものになるとはまず考えられない。泥棒が盗んだお金を返すように求められても、誰も文句はいわないだろう。また、前に述べたように、この原則は税制度そのものを否定するものではない。

しかし、政府が寄付のようなものを前提として、それを定型化しているケース（デフォルトルールによって、明確な同意がなくてもそうした寄付が義務づけられるときなど）に対しては、大半の人は否定的な反応をするだろう。おそらく、寄付とは個人の責任で行うものだと考えられている。

こうした疑問に答えるには、まだまださらなる研究が必要になり、何よりも道徳の一般原則としているものがどのようなことに適用され、どのようなことには適用されないか、その境界を特定しなければいけない。

哲学界では、「操作」というテーマについての文献は数多い。「操作」という言葉は、ふつうは悪い意味で使われるが、そこには二つの大きな疑問があげられる。操作とはいったい何であるのか。そして、それの何が悪いのか。

そうした疑問に対して人々がどう答えたか、その分布を示す「マップ」のようなものはまだないが、この調査におけるサブリミナル広告の反応を見れば、「人々が容認できない操作」がどのようなものであるかがわかるだろう。人々が容認できないのは、意識や思考力とは関係なく影響を与えるという意味での操作だ。サブリミナル広告の影響は自覚できない。もしも政府がサブリミナル広告を検討したとしても、そのような広告を使うことはまぎれもなく人を操作するものであるように感じられ、人々は認めないだろう。

国ごとの特徴

6ヵ国のうち、イタリアとイギリスは今回テストされたナッジに対して特に好意的だった。イタリアにおいては、その賛成率が他の大半の国よりも低かったナッジは一つしかない（ナッジ14＝スーパーマーケットでレジ周辺に菓子類を置かないようにする）。同様に、イギリスは15のナッジのうち11項目について賛成率が最上位層に入る結果となった（フランスとドイツという、明らかに最上位層に入るとはいえない国々と比較すればこの結果は明らかだ）。

このような結果を見れば、当然ながら、イタリアとイギリスはなぜ、他の国と比べて受容度が高いのかという疑問がわくだろう。その問いに対する答えは見つかっていないが、イタリアは、昔もいまもパターナリズム的な介入に反感をもっていないと考えられる一方、イギリスはすでに近年、行動科学を多用していることが世論に影響しているのではないだろうか。[4]

ハンガリーとデンマークは、一貫してナッジ全般にあまり好意的ではない。ハンガリーについては、それほど不思議なことではない。ハンガリーでは、公的機関に対する不信が広く蔓延しており、経済協力開発機構（ＯＥＣＤ）諸国の平均をずっと下回っている。[5] 共産主義の遺産で、ハンガリー人は政府というものを認めなくなっているのだろう。

また、ハンガリーは政治の腐敗度が（今回の調査対象国の中で）最も高い国であり、近年は腐敗指数がさらに悪化している。[6] そのうえ、国政選挙での投票率がＯＥＣＤの水準を下回っている。[7] この、政府に対する信頼の欠如はオルバーン政権になっても改善しなかったと見ていいだろう。

このハンガリーでの結果から、国によってナッジに対する意見に違いが生まれる原因も見いだせる。自国政府や政府全般を信頼していない市民は、たとえナッジが促進する目的自体には賛成していても、ナッジを認めようとしない傾向があるということだ。[8] この問題については第６章でくわしく探っていく。

一方、デンマークについては、今回の調査の原因分析は困難である。デンマークは政府不信が強いことで知られているわけでもなければ、パターナリズムを思わせるものに頑として反対することで知られているわけでもない。政府に対する信頼度はＯＥＣＤ全加盟国の中でも最上位にある。[9] しかし、共同体レベルや地域レベルでの政治家に対する信頼度はいまも高いが、政治家や政府に対する信頼はこのところ下がっている。２０１５年の全国調査の結果によると、デンマークの政治家に対する信頼度は２００７年には70％だったが、２０１５年６月には28％となり、過去最低を記録している。[10] 今回の結果は、２０１５年の総選挙後に保守的な政策がとられるようになったことに対する不信感と特に関係があるかもしれない。新政府は調査が実施される数ヵ月前に発足したばかりだった。だが全体として、デンマークは常に国際腐敗ランキングでクリーンな国の1位か2位に位置しており、政府に対する信頼はいまも比較的高い。

デンマークでは健康に関する介入（飽和脂肪酸の含有量が多い食品に課税するなど）が議論を呼んでいるため、それが今回の結果に影響したのかもしれない。

政治的選好（支持政党）と人口統計学的属性

ヨーロッパ域内では、支持する政党の方針の違いによるナッジへの評価のはっきりとした差は認められなかった（章末表A４・４）。つまり、支持政党は今回テストしたナッジへの支持と明確な相関がないのだ。これは今回の調査での主要な発見の一つであり、かなり予想外な結果である。

しかし、各国内をくわしく見ると、いくつかの弱い相関と二つの全体的なパターンが見て取れる。

(1) フランスでは、環境政党と左派の支持者のほうがテストの対象となったナッジに好意的である。

(2) イギリスでは、ポピュリスト政党に投票した人は、情報提供ナッジに特に懐疑的である。

(3) 全体として、ヨーロッパのリベラル層は健康分野のナッジに好意的であるとはいえない。

(4) 全体として、環境政党に投票した人は、環境分野のナッジに好意的である傾向がやや強い（これは意外な結果ではない）。

ただし今回の調査では、政治的な選好を直近の選挙の投票先という大まかな根拠から測定していること、ヨーロッパの政党をその主張の類似性をもとに大まかに六つに分類していることを踏まえると、政治的選考に関する一連の発見はやや慎重に受け止めるべきである。

人口統計学的な差異については、一つだけ、今回テストしたナッジとその評価が相関していると思われる属性があった。性別だ。女性は男性よりもナッジを好む傾向にあったのだ。フランスとデンマークは性差がそれほど顕著ではないが、それでも統計的に有意な差は見て取れる。それ以外には、統計的に有意な差はなく、性別以外の人口統計学的な属性についても関連する相関は全体的に認められなかった。

ヨーロッパ6ヵ国におけるナッジへの評価のまとめ

いくつかの民主主義国ですでにとりいれられていたり、真剣に導入が検討されたりしている類いのナッジに関しては、ヨーロッパでは大多数が支持している。特に、その目的が正当なものであるか、大半の人々の利益につながるか価値観に合うと考えられるナッジは、大半が支持される。

その一方で、6ヵ国の市民は、次の二つの原則に反するナッジを拒否している。第一の原則は、政府は明確な同意なしに人々のお金を取り上げてはならないというものであり、第二の原則は、政府は人を操作してはならないというものである（少なくともサブリミナル広告という、きわだって操作的なケースではそうである）。

ヨーロッパでは全体として同様の傾向が見て取れるにもかかわらず、ナッジに対する支持の水準がきわだって低い国が二つある。ハンガリーとデンマークだ。

ハンガリーの場合、ナッジに対する支持水準の低さは、政府に対する信頼の水準が低いことを考えると説明がつく。これは、政策を立案・実行する人の能力や動機に対する不信感が強いときは、選択の自由が確保されている介入でさえ歓迎されないだろうという直感を裏付けるものだ。

一方、デンマークにおける支持の水準の低さは、政府への信頼の水準とはいいきれず、いまのところ説明が難しいといわざるを得ない。

ヨーロッパでは、全体として、支持政党や人口統計学的変数はナッジへの支持（あるいは反対）とは結びついていない。

ただ、そこにも例外はあり、女性のほうが今回のナッジに賛成する傾向が若干強かったほか、環境政党に投票した人は、環境分野のナッジを支持する傾向が見られた（これは予想どおりの結果である）。

また、ヨーロッパのリベラル層の間では健康分野のナッジに対する支持の水準が低かった。

ある種の政治的信条をもつ人は、ハンガリーやデンマークの市民に少し似ており、ナッジだろうと、税金だろうと、補助金だろうと、命令だろうと、政府の行動には間違いなく懐疑的だと思われる。

だが、特筆すべき点として、ヨーロッパのどの政党についても、この効果を示す明確で一貫した根拠を見つけられていない。一部のナッジでは、ヨーロッパ人の意見が政治的選好（支持政党）によって分かれているように見えるのも事実である。しかし、そうであるときに問題となるのは、人々がどの方向にナッジされているかであって、ナッジされていることそのものではない。

表A4.1◉サンプル、サンプリング、調査方法

国	サンプルサイズ	代表性	調査方法	重み付け法	サンプル	パネルの募集方法	センサス/母集団	調査のフレーム
イタリア	N=1,011	性別、年齢、地域をオンライン方式で代表	CAWIオムニバス	重み付けなし	割り当て法	オフラインおよびオンライン	インターネットユーザー3500万人、18〜64歳	フレームなし
イギリス	N=2,033	性別、年齢、地域を聞き取り方式で代表	CAWIオムニバス	RIM	割り当て法	オンライン	インターネットユーザー5090万人、18歳以上	貯蓄と消費習慣に関してあり
フランス	N=1,022	性別、年齢、地域を聞き取り方式で代表	CAWIオムニバス	ターゲット	割り当て法	オンライン	インターネットユーザー4105万人、16〜64歳	ウクライナに対する意見に関してあり
ドイツ	N=1,012	性別、年齢、地域をオンライン方式で代表	CAWIオムニバス	RIM	割り当て法	オフラインおよびオンライン	インターネットユーザー5506万人、14歳以上	経済観に関してあり
ハンガリー	N=1,001	性別、年齢、地域を聞き取り方式で代表	CAWIアドホック	RIM	割り当て法	オフライン	インターネットユーザー735万人、15〜69歳	アドホック、それ以外のフレームなし
デンマーク	N=1,000	性別、年齢、地域を聞き取り方式で代表	CAWIオムニバス	ターゲット	割り当て法	オフライン	インターネットユーザー454万人、18歳以上	消費財とグレートベルト橋に関してあり

注：「聞き取り方式で代表」は、現住人口の代表を意味する。「オンライン方式で代表」は、個人のインターネットユーザーの代表を意味する。「CAWI」は、コンピューター支援ウェブインタビューを意味する。「アドホック」は、オムニバス調査が利用できなかったハンガリーで使われている。「RIM（Random Iterative Method＝ランダム反復法）重み付け」および「ターゲット重み付け」は、母集団のすべての集団がサンプルの中で等しく代表されていないときに多次元モデルの妥当性を確保するために適用される統計的重み付け法である。「割り当て法」は、社会人口統計学的変数ごとにあらかじめ割り当てられた数のサンプルを回収した後、観測値を母集団の度数に応じて重み付けしたことを意味する（例外はイタリアで、重み付けする必要がなかった）。「フレーム」は、複数の関連性のない質問票を使用したオムニバス調査の回答に意図しない影響を与えるおそれがある。実際問題としてフレームを避けることはできないが、関心がある質問の前にどのような質問がされていたかを知っておいて、意図しない影響を推定することが大切である。

表A4.2●調査対象国の政党の概要

イタリア	イギリス	フランス	ドイツ	ハンガリー	デンマーク
イタリア民主党(PD)	保守党	社会党・共和・市民グループ	ドイツキリスト教民主同盟(CDU)/バイエルン・キリスト教社会同盟(CSU)	フィデス＝キリスト教民主人民党	社会民主党(A)
五つ星運動	労働党	共和党	ドイツ社会民主党(SPD)	ヨッビク	デンマーク国民党(O)
自由の人民(PdL)	スコットランド国民党(スコットランド)	民主独立連合グループ	緑の党	ハンガリー社会党(MSZP)	ヴェンスタ(V)
市民の選択―イタリアのため、モンティと共に	自由民主党	急進・共和・民主・進歩主義グループ	左翼党	民主連合(DK)	赤緑連合(Ø)
左派・自由・環境(SEL)	プライド・カムリ(ウェールズ)	環境主義グループ	自由民主党(FDP)	違う政治が可能(LMP)	自由同盟(I)
北部同盟	イギリス独立党	左翼民主・共和主義グループ	ドイツ海賊党	共に2014年	アルタナティヴェ(Å)
イタリアの同胞	緑の党	国民連合	ドイツのための選択肢(AfD)	ハンガリーのための対話(PM)	急進左翼党(B)
中道連合			自由な有権者		社会主義人民党(F)
その他	その他	その他	その他	その他	その他
投票せず	投票せず	投票せず	投票せず	投票せず	投票せず
わからない/無回答	わからない/無回答	わからない/無回答	わからない/無回答	わからない/無回答	わからない/無回答

表A4.3◉調査対象国の政党のクラスター

国	政治的態度クラスター				
	保守	左派	リベラル	環境	ポピュリスト・その他
イタリア	自由の人民(PdL) 中道連合	イタリア民主党(PD)	市民の選択―イタリアのため、モンティと共に	左派・自由・環境(SEL)	五つ星運動 北部同盟 イタリアの同胞 その他
イギリス	保守党	労働党	自由民主党	緑の党	スコットランド国民党(スコットランド) プライド・カムリ(ウェールズ) イギリス独立党 その他
フランス	共和党 民主独立連合グループ	社会党・共和・市民グループ 急進・共和・民主・進歩主義グループ 左翼民主・共和主義グループ		環境主義グループ	国民連合 その他
ドイツ	ドイツキリスト教民主同盟(CDU)/バイエルン・キリスト教社会同盟(CSU)	ドイツ社会民主党(SPD) 左翼党	自由民主党(FDP)	緑の党	ドイツ海賊党 ドイツのための選択肢(AfD) 自由な有権者 その他
ハンガリー	フィデス=キリスト教民主人民党	ハンガリー社会党(MSZP) 民主連合(DK) 共に2014年		違う政治が可能(LMP) ハンガリーのための対話(PM)	ヨッビク その他
デンマーク		社会民主党(A) 赤緑連合(Ø) 社会主義人民党(F)	ヴェンスタ(V) 自由同盟(I) 急進左翼党(社会-リベラル、B)	アルタナティヴェ(Å)	デンマーク国民党(O) その他

注：国政選挙に関する2015年の政治的スペクトルを反映。

表A4.4◉ナッジへの賛成に対する人口学的変数と政治的態度の推定：マルチレベル分析

	(1)純粋な政府のキャンペーン	(2)義務づけ型の情報提供ナッジ	(3)義務づけ型のデフォルトルール	(4)義務づけ型のサブリミナル広告	(5)義務づけ型の選択アーキテクチャー
男性	−2.105**(.671) [−3.420, −.790]	−3.160***(.723) [−4.577, −1.742]	−4.509***(.661) [−5.805, −3.213]	−5.217***(1.166) [−7.502, −2.932]	−7.661***(.879) [−9.383, −5.939]
年齢 (カテゴリー)	.407***(.111) [.189, .625]	.127(.120) [−.108, .362]	.705***(.109) [−.920, −.491]	.566**(.193) [−.944, −.187]	.037(.146) [−.249, −.322]
政治的態度					
保守	Ref.	Ref.	Ref.	Ref.	Ref.
左派	−1.724(.987) [−3.658, .210]	−.593(1.064) [−2.678, 1.492]	1.153(.973) [−0.754, 3.059]	−7.165***(1.715) [−10.526, −3.804]	1.46(1.293) [−1.074, 3.993]
リベラル	−2.88(1.618) [−6.052, .292]	−7.912***(1.745) [−11.332, −4.492]	−3.750*(1.595) [−6.876, −.625]	−13.760***(2.809) [−19.266, −8.255]	−6.314**(2.120) [−10.468, −2.159]
環境	−.920(1.526) [−3.910, 2.071]	−1.774(1.645) [−4.999, 1.450]	5.131***(1.504) [2.183, 8.079]	−19.736***(2.651) [−24.931, −14.540]	6.168**(1.999) [2.250, 10.085]
ポピュリスト・ その他	−5.370***(1.128) [−7.582, −3.159]	−5.679***(1.217) [−8.064, −3.295]	−3.170**(1.112) [−5.350, −0.990]	−7.436***(1.960) [−11.277, −3.595]	−4.804**(1.478) [−7.701, −1.907]
わからない/ 投票せず	−5.749***(1.027) [−7.763, −3.736]	−6.554***(1.108) [−8.724, −4.383]	−2.724**(1.012) [−4.708, −0.739]	−8.024***(1.784) [−11.521, −4.528]	−4.197**(1.346) [−6.834, −1.560]
観測数	7,079	7,079	7,079	7,079	7,079
WALDカイ2乗	69.34	84.81	141.19	89.23	132.63
p値	(.000)	(.000)	(.000)	(.000)	(.000)
ICC(国)	.069(.037)	.076(.041)	.043(.024)	.027(.016)	.070(.038)

注：* p≤.05; ** p≤.01; *** p≤.001. 2レベルランダム切片モデルの推定値。括弧内は標準誤差(信頼区間)。従属変数は、干渉度に応じてカテゴリー分けしたナッジグループ(最小値：0、最大値：100)の平均。級内相関係数(ICC)は、全分散の中で「国」クラスターに起因する割合。「Ref.」は「参照変数」であり、他の関連する変数の偏差を測定する基準となる変数を意味する。

5

A Global Consensus? Not Quite

世界的なナッジへの評価の検討

これまでの議論から、ナッジについて、五つの教訓を導くことができる。

教訓1 さまざまな国の市民は、少なくとも近年に採用されているか、真剣に検討されている種類については、ナッジをおおむね支持している。

教訓2 男性の姓を自動的に妻の姓に変えるようにするデフォルトルールのように、大半の選択者の利益や価値観に合わないと感じるナッジを市民は支持しない。

教訓3 宗教的や政治的に偏向しているなど、目的が正当ではないと感じるナッジを市民は支持しない。

教訓4 市民は操作に反対するが、サブリミナル広告のケースのように、操作を非常に狭くとらえている。

教訓5 きわめて意外なこととして、支持政党は、今回テストされたナッジに市民がどう反応するかを予測する因子としては総じて弱い。

この章では、オーストラリア、ブラジル、カナダ、中国、日本、ロシア、南アフリカ、韓国の8ヵ国の結果を示す。これらの対象国は、さまざまな基準と照らし合わせて、多様で幅広いサンプルを得る目的で選択した。

まず、言論の自由がある自由民主主義国から権威主義一党制の国まで、幅広い分布から組み入れた。

また、BRICS5ヵ国のうち4ヵ国を入れた（BRICSとは、有力な新興国群のブラジル、ロシア、インド、中国、南アフリカの5ヵ国の英語の頭文字をとった呼称）。[1] これにより、国内総生産（GDP）と厚生の水準に関しても、著しく差があると見てよいだろう。

さらに、カルチュラルスタディーズにおいて、「文化クラスター（文化集積地）」を代表する国が含まれている。[2]

これは特筆すべき点ではないが、各国ともインターネット普及率が十分に高く、[3] 意味のあるオンライン代表調査を実施できる。[4]

今回の調査では、年齢、性別、地域、教育水準を代表する人々に対して、1国あたり約1000人の回答を得た。この調査でも、第4章で説明した15のナッジについて、賛成か反対かだけを答えてもらった。その際、賛成・反対の程度を何らかの尺度を用いて測定することはしていない。全体的なデータセットを比較したり拡大したりできるようにするために、第4章と同じ調査手段・方法を用いた。
ただし、今回の調査ではその目的を、各国の類似点と相違点を調べることとし、事前に確固とした仮説は立てなかった。それは、これまでの調査が予備的な段階にあり、また、予想外の結果が出るのは避けられないためである。ただし、暫定的に次の二つの仮説は成立すると考えてよいだろう。

仮説1　非民主主義国である中国とロシアを例外として、調査対象国のすべてで、これまでの研究から得られた五つの教訓を反映したナッジについては、わずかな差異はあっても、国際的なコンセンサスがはっきりと認められるだろう。

仮説2　中国とロシアでは、ナッジに反対すると（たとえ匿名を保証したとしても）罰せられるかもしれないと考えられているか、専制支配に慣れている市民が政府の政策に反対することはまれであるため、あらゆる種類のナッジを圧倒的多数が支持するだろう。

結論からいうと、仮説1はおおむね支持されたが、重要な制限条件が一つつく。教訓1〜3、5は、調査対象国のほぼすべてで見いだせるが、教訓4（サブリミナル広告を通じた操作は許されない）は認められなかった。仮説2は中国については支持されたが、ロシアについては支持されなかった（ロシアの市民はアメリカやヨーロッパの市民に近いように見える）。さらに、予想外の結果がいくつもあった。特に意外だったのは、日本と韓国の結果である（日本は賛成率がきわだって低く、韓国は賛成率がきわだって高かった)。

最も一般的な教訓は、多様な文化、政治的傾向、歴史をもつさまざまな国で、市民の過半数がナッジを支持しているということである。

そして最大の発見は、世界の国々を暫定的に三つのカテゴリーにグループ分けできることだ。これは予想外のことだった。

一つ目のカテゴリーは、仮説1と既存のアメリカとヨーロッパのデータと一致しており、先ほど大まかに説明した五つの教訓のすべてが反映されている。データが入手可能な国のうち、これまでにテストした国の中で最大のグループである。こうした国を「**原則的ナッジ支持国**」と呼ぶことにする。

二つ目のカテゴリーは、デンマークとハンガリーのデータと一致しており、全体として過半数が賛成しているが、賛成率が「原則的ナッジ支持国」と比べると有意に低い国である。ここに新しく日本が加わる。こうした国を「**慎重型ナッジ支持国**」と呼ぶことにする。

三つ目のカテゴリーは、この調査で初めて識別されたもので、賛成率が非常に高い国である。現時点では、中国と韓国がその例になる(ロシアはここに入らないことは留意してほしい)。こうした国を「**圧倒的ナッジ支持国**」と呼ぶことにする。

他の多くの国、おそらくは世界の大部分の国が、こうした三つのカテゴリーの一つに入るのではないか。もちろん、一部の国がまったく異なるパターンを示す可能性は排除できない。デンマーク、ハンガリー、日本で見られる賛成率をはるかに下回る国（「**反ナッジ国**」）、あるいは、ナッジのカテゴリーによって賛成率が異なる国（「**選択的ナッジ支持国**」）がその例である。

この章の最大の目標は、国ごとのさまざまな発見を報告することであり、なぜそれらの国が三つのカテゴリーの一つに入るのかをくわしく説明することはしない。ただしそれでも、いまある限られた知識をもとに、この場限りのものになるとしても、いくつかの推測を試みることにしたい。

なお、この後で見ていく「政府に対する信頼」の問題については、第6章で再び取り上げる。

日本をはじめとする8カ国の調査方法

サンプリングと調査の方法

サンプリングと調査は、ISO認証を取得している国際市場調査会社、クアルトリクスの支援を得て行った。

調査水準と信頼性を確保するため、サンプリングと調査を実行する各段階をモニターし、調整を加えている。なお、これまでの章で報告した調査と同じく、8ヵ国のサンプルはオンラインで収集し、年齢、性別、教育水準、地域を代表するようにした。高い代表性を得るために、オーバーサンプリング（少数派データを増やして、データの不足分を補完する方法）、RIM（ランダム反復法）重み付け（母集団のすべての集団がサンプルの中で等しく代表されていないときにモデルの妥当性を確保するための手法）など、いくつかの段階を踏んだ。重み付けをしているサンプルと重み付けをしていないサンプルの概要は、章末にある表A5・1に示している。

これまでの調査と同様、中心的な調査方法は、15種類の介入を記載したシンプルな質問票である。各「架空の政策」に「賛成」か「反対」かを回答してもらった。「ナッジ」という言葉（あるいは対象国の言語に翻訳された言葉）は誤解を招くおそれがあるため、この調査では使用せず、政策をできるだけ簡潔に、わかりやすく記述した。政策を提示するときには、答えを歪めるようなフレーミングをしないようにした。質問票の15項目は、第4章で確認できる。

質問票の項目は2016年10月にクアルトリクスのウェブインターフェースに入力された。英語版の質問票をもとに、英語を母国語とする人が質問文を正しく理解できるかどうか、表現の一貫性が保たれていて、同じ人が同じような質問に同じような回答をするかどうかをクアルトリクスがチェックした。質問票は英語版からそれぞれの国の言語（ブラジルポルトガル語、カナダフランス語、標準中国語、日本語、ロシア語、韓国語）に翻訳され、それをネイティブスピーカーが英語に逆翻訳し、必要に応じて修正した。このステップを加えたのは、質問項目がどの国でも同じように理解されるようにするためであり、あまり使われていない言葉や概念を避けることで質問内容が十分に理解され、同じように解釈されるようにするためである。

一部の設問で使われた金銭の額は、各国の通貨の為替レートと平均所得に基づいて調整した。これまでと同じように、質問はランダムな順番で表示されるようにした。[5]

質の高いサンプルを確保するため、さまざまな方法を組み込んで、妥当性と頑健性をチェックした。明らかに不注意だったり軽率だったりする回答者を除外するために、時間フィルターを使用したほか（回答に要した時間が平均の半分未満だった回答者を選別した）、さらに二つの注意フィルターを追加した。[6] こうした注意力の基準を満たし、かつ、それぞれの国に住み、その国の公用語を使う大人（18歳以上）が提供した回答だけを最終的な調査結果とした。言語については、参加者のブラウザーの言語を既定の言語とした。カナダでは、フランス語か英語を選択できるようにした。また、回答者にはかならずすべての質問に答えてもらうようにした（質問を飛ばしたり、「チェリーピッキング（えり好み）」したりすることは認めていない）。すべての項目に回答した質問票だけを受け入れた。

現地調査は、まずデータの10％の収集を目的とするソフトローンチの形で２０１６年11月にすべての国で同時に開始された。その結果の一貫性、妥当性、頑健性をチェックしたうえで、残る90％に対する調査にちょっとした調整を加え、さらに実施した。現地調査は約５週間後の２０１６年12月に終了した。

社会人口統計学的変数と政治的態度の測定

この調査では、社会人口統計学的変数と政治的態度に関する情報を収集した。８ヵ国で比較可能な社会人口統計学的変数は、性別（男性／女性）、年齢（歳）、都市の規模（人口）、婚姻関係（既婚／

シビルパートナーシップ、長期的関係、独身、離別、死別、その他)、子どもの人数だった。

地域、教育、所得によって、国同士の比較の幅が限定されてしまうことはやむを得ない。「地域」は国固有のものであるため、国家統計に用いられているカテゴリーを使った。こうしたデータは、国際比較よりも各国内の結果に関する議論と関連がある。

「教育」は次の二つの方法で測定した。

(1) 各国の統計で一般に用いられている区分(「最終学歴」)。この場合、国同士の比較が難しい。

(2) 「正規教育年数」。この場合は、平均教育水準など、その国固有の背景と照らして比較しやすくなる。

「所得」はその国の所得の分布や水準を踏まえて理解しなければ役に立たない。そのため、各国の平均世帯総所得に基づくアルゴリズムを開発し、それを適用した。

政治的態度は次の二つの方法で測定した。

第一に、直近の全国規模の選挙で5%以上の得票を集めた政党をすべてあげて、その中から「直近の選挙で投票した政党」を選択してもらった。第二に、(1)「特にリベラル(左派)」から(7)「特に保守(右派)」までの7段階のリッカートスケールを作成し、回答者が政治的選好を自己評価する項目(「このスケール上で、あなたの位置はどこだと思いますか」)を設けた。二つ目のアプローチは頑健性チェックとして導入したもので、次項で説明するマルチレベル分析に使用する量的データも提供された。いずれの尺度も大まかであることは否めないため、調査の結果は慎重に解釈するべきである。

日本をはじめとする8カ国の調査結果の分析

そもそもの賛成率

本調査では国別にデータを収集したが、ここではそのデータを統合して比較分析していく。賛成率はナッジごと、国ごとに算出した。データはネスト構造であるため、マルチレベル分析を行った。マルチレベル分析では、ヨーロッパ諸国のデータの分析と同様、五つの独立変数を設定した。これまでと同じように、15のナッジを干渉度に応じて五つのクラスターに分けて（88ページ参照）、従属変数ごとに平均賛成率を算出した。コード化と分析には統計解析ソフトのSPSSを使った。分析は重みなしサンプルと重み付きサンプルを対象に行った。[7]

前に述べたとおり、15のナッジを介入の度合いに応じて五つのカテゴリーに分けた。「純粋な政府のキャンペーン」（ナッジ6、7／図5・1）、「義務づけ型の情報提供ナッジ」（ナッジ1、2、10、

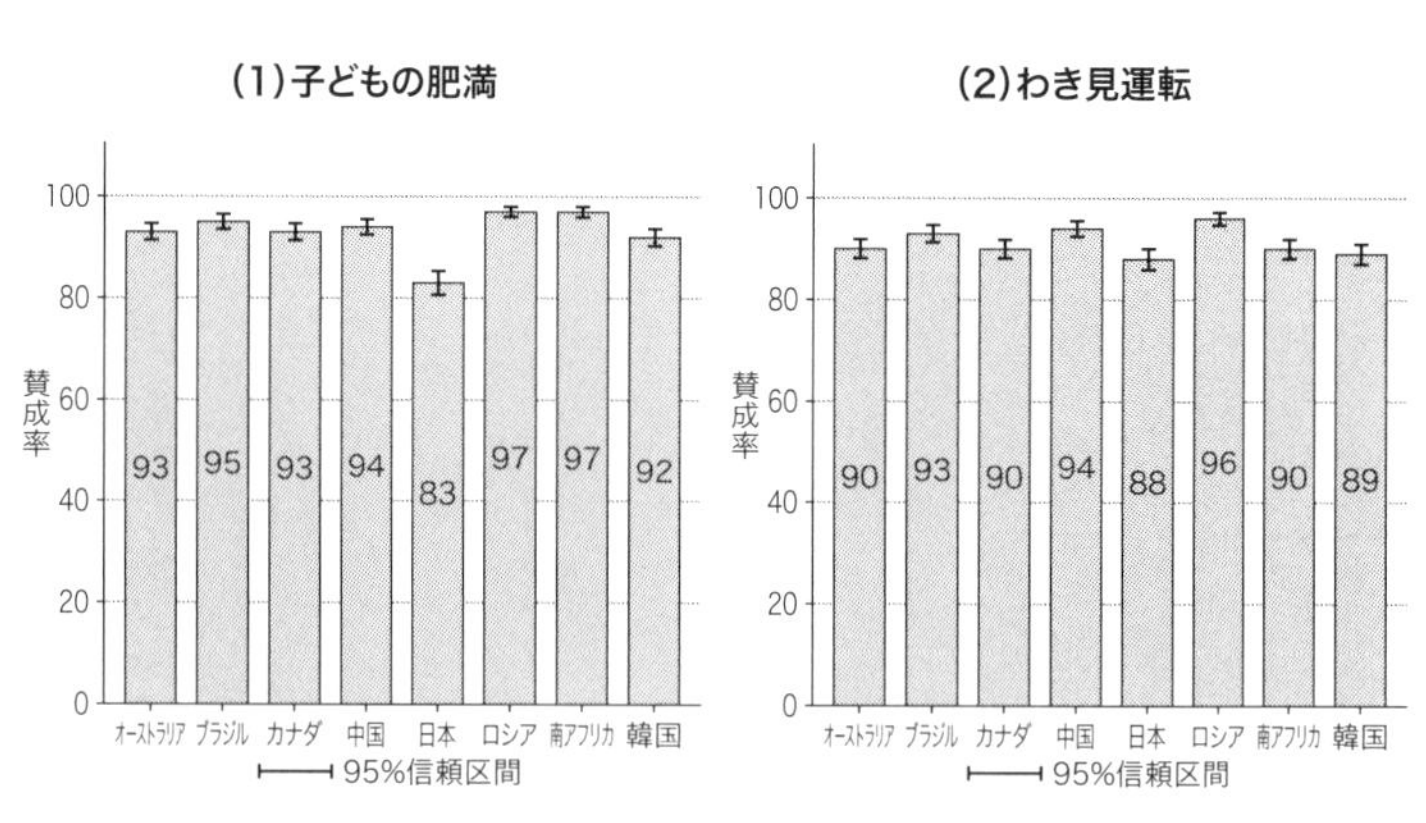

図5.1◉純粋な政府のキャンペーン。信頼区間(CI)

12／図5・2）[8]、「義務づけ型のデフォルトルール」（ナッジ3、4、5、9、11、13／図5・3）、「義務づけ型のサブリミナル広告」（ナッジ8／図5・4）、「義務づけ型の選択アーキテクチャー」（ナッジ14、15／図5・5）である。

前述のように、調査結果は仮説1とおおむね一致している。

「純粋な政府のキャンペーン」については、8ヵ国すべてで過半数が支持し、仮説1に関してはほぼ相違なく一致する結果となった。子どもの肥満とわき見運転をなくそうとするナッジは、圧倒的多数が支持している。

同じく仮説1に関連して、「義務づけ型の情報提供ナッジ」も支持の水準が非常に高く、このナッジについても、ほぼ相違なく一致する結果となった。

ただし、日本だけは唯一、明らかに例外的な値（外れ値）である。「義務づけ型の情報提供ナッジ」に対して、たし

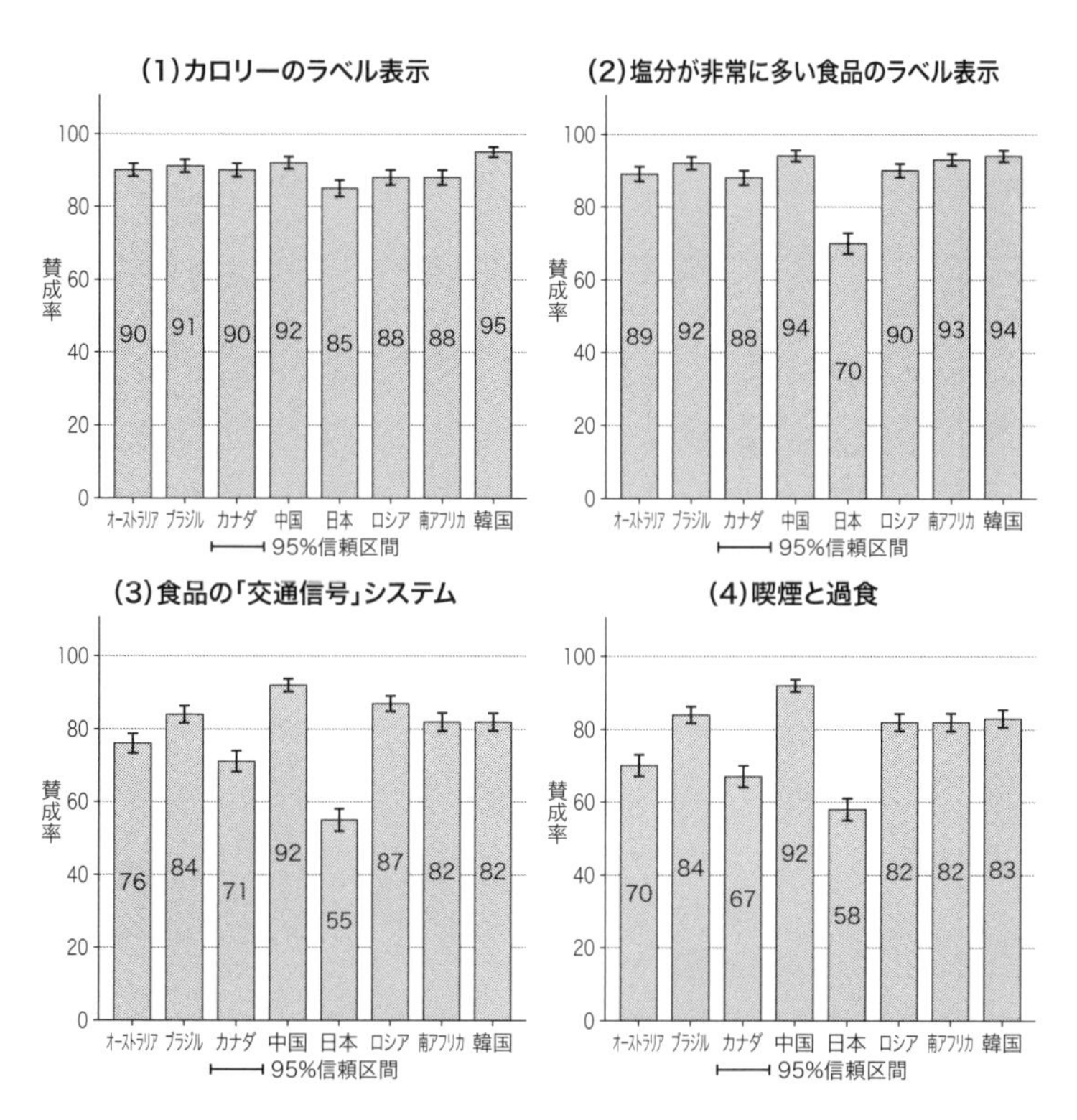

図5.2◉義務づけ型の情報提供ナッジ。信頼区間(CI)

かに過半数が賛成してはいるが、すべてのケースで反対の水準が最も高い。特に高いのが、食品の「交通信号」システムと、喫煙と過食をやめさせようとする啓発メッセージである。

「義務づけ型のデフォルトルール」は賛成の水準は下がり、一部のケースでは過半数が反対している。ここでも仮説1がおおむね支持されている。

アメリカとヨーロッパ6カ国での結果と一致する点は、グリーンエネルギーへ

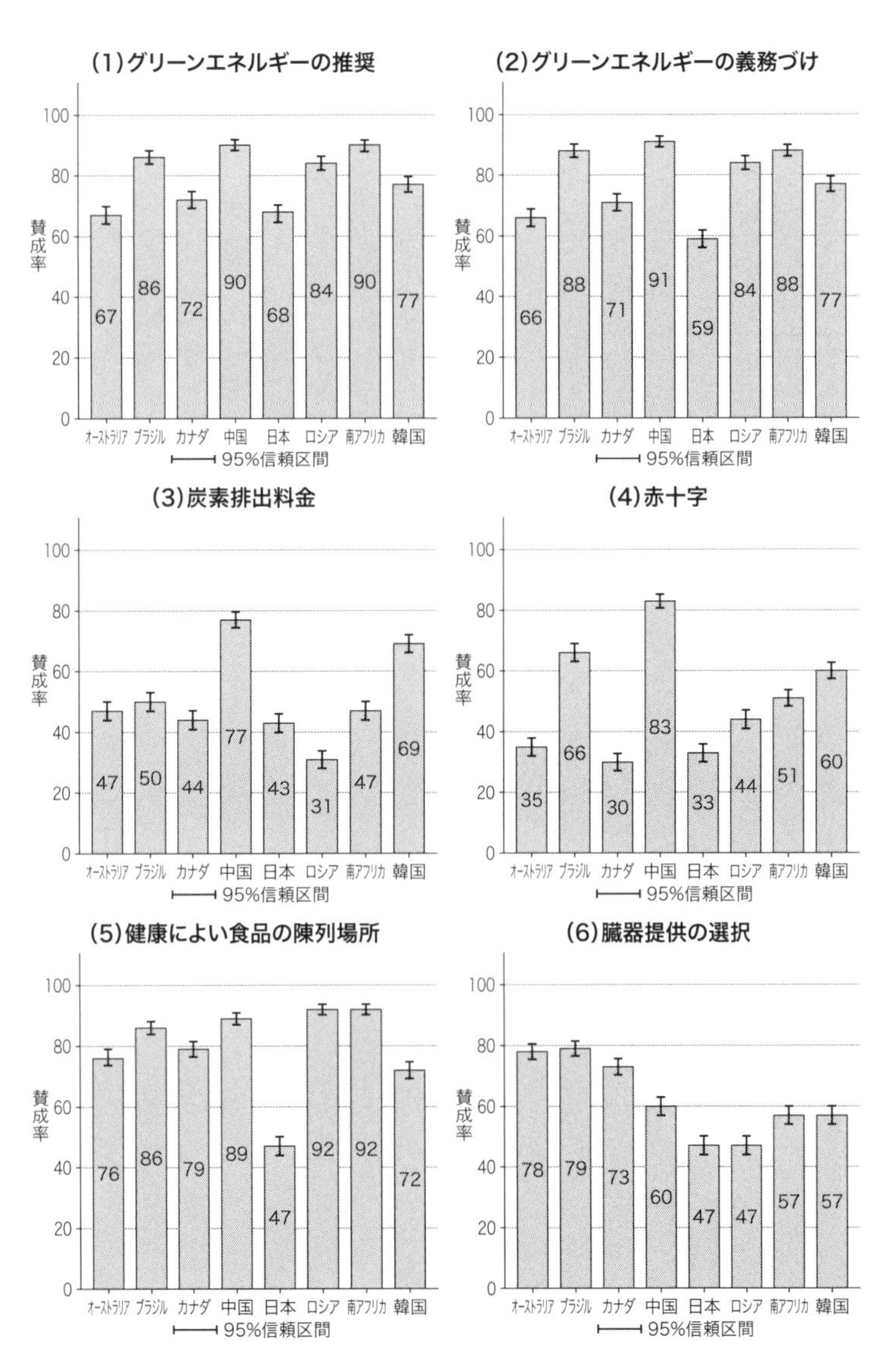

図5.3◉義務づけ型のデフォルトルール。信頼区間(CI)

の自動加入の推奨だけでなく、自動使用の命令も、大多数が賛成している点だ（もっとも、グリーンエネルギーのコストは他のエネルギー源よりも高いと伝えられれば、賛成率は下がるはずである）。

また、これまで同様に、炭素排出料金の負担をデフォルトにすること、さらに慈善寄付をデフォルトにすることについても、過半数が反対している。「義務づけ型のデフォルトルール」に関する基本原則も、損失回避と関係があるように思われる。全体として、明確な同意なしにお金を取り上げるデフォルトルールは支持されない。

ここでの外れ値は、中国、韓国、そして（程度は低いものの）ブラジルで、これらの国々では高い賛成率となった。中国、韓国とも、他の大半の国で広く反対されている「義務づけ型のデフォルトルール」を大多数が支持している事実は特筆すべきだろう。これは仮説2を否定するエビデンスである。賛成率が並はずれて高い国は中国と韓国であり、中国とロシアではない。

健康によい食品の陳列場所と臓器提供の能動的選択については、構図はすべての国でほぼ一致している。健康によい食品の陳列場所では、日本がここでも明らかな外れ値となっている。

臓器提供では、中国と韓国は、両国にしてみると例外的に賛成率が低い。過半数が反対しているのが、ロシアと日本である。ロシアのケースは興味深く、簡単には説明がつかないが、政治的、文化的背景の側面と関連がありそうだ（ただし、具体的に何が影響しているのかは調査できていない）。

これまでの調査でも明らかなように、「義務づけ型のサブリミナル広告」は、たとえ正当な理由

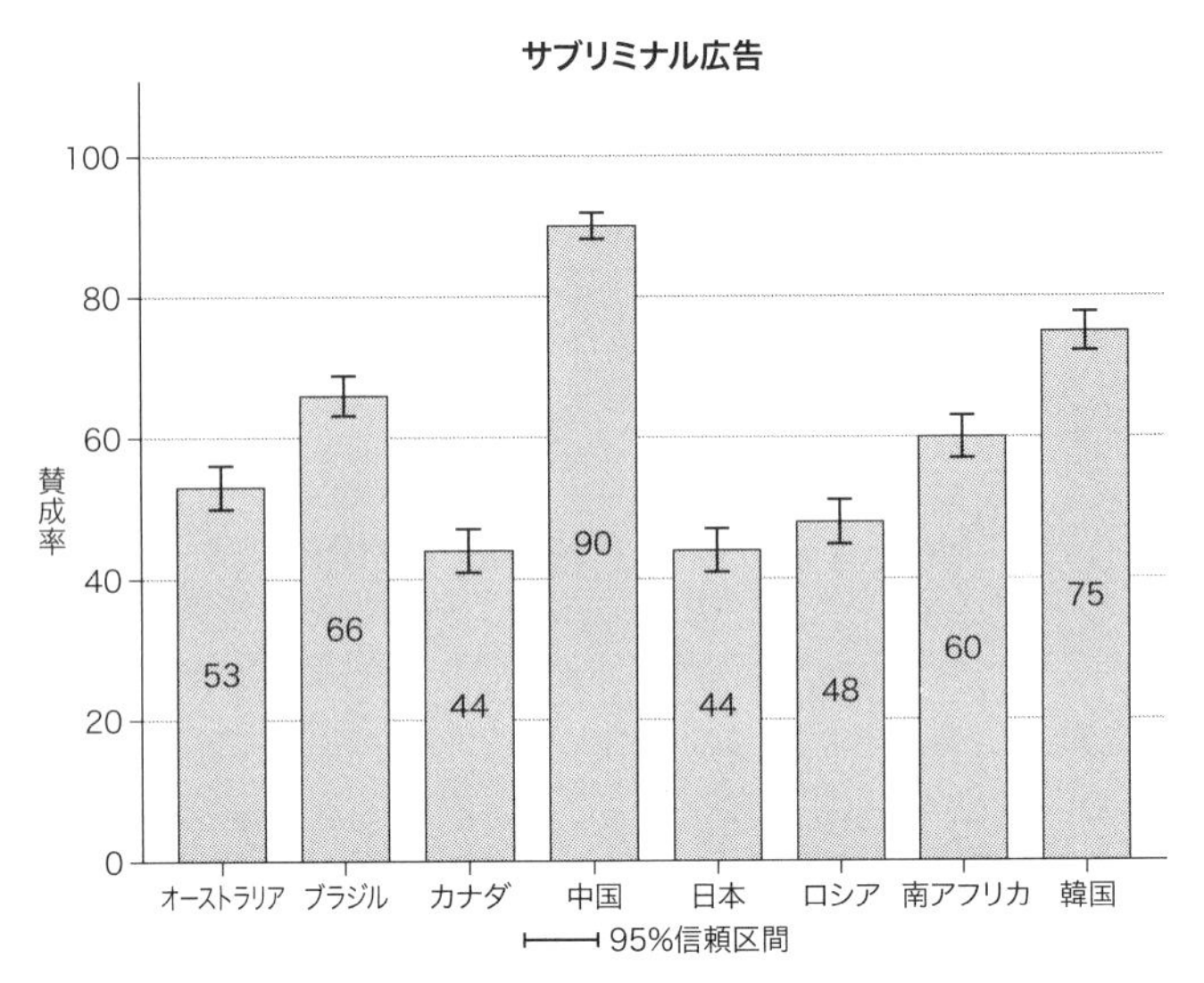

図5.4◉義務づけ型のサブリミナル広告。信頼区間(CI)

に見えるケースであっても、反対の水準が高い(ただし、統計的に見れば、有意な支持は得られている)。この標準的なパターンはカナダ、日本、ロシアでもおおむね見いだせる。このデータによると、この水準の支持率(多くの場合、40%超)が、目的に賛同できる政策によって自律性が侵害される場合の、許容できる程度の上限であるとも考えられる。

しかし、どういうわけか、このサブリミナル広告に対して、中国と韓国は賛成率が圧倒的に高く、オーストラリア、ブラジル、南アフリカでも過半数が支持する結果となった。これは、仮説1が部分的に、だが重要な点で否定されたことを示す。この結果は完全に予想外で、どう説明すればいいかわからない。

一つ考えられるのは、これらの国ではサブリミナル広告という手法そのものが特に問題

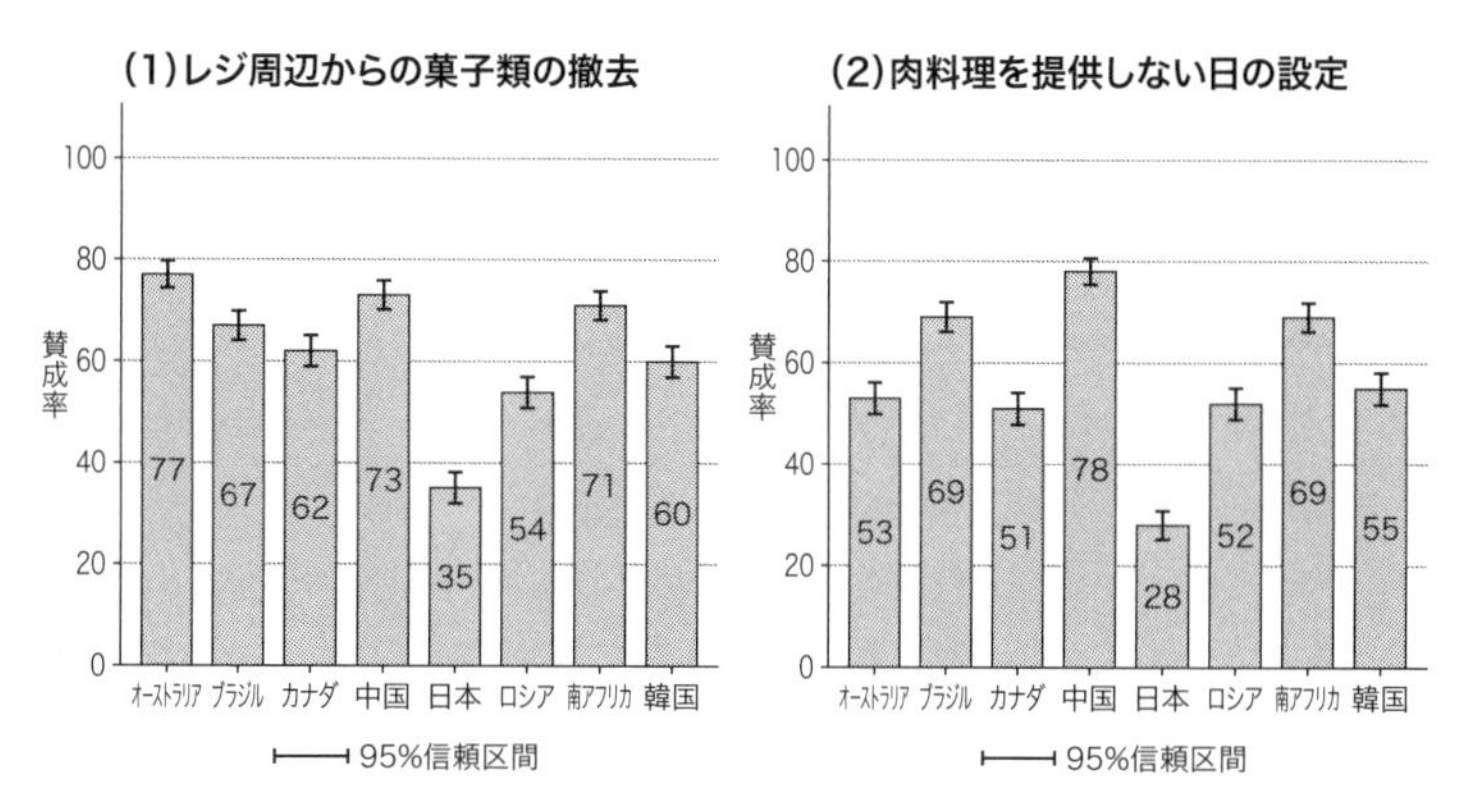

図5.5◉義務づけ型の選択アーキテクチャー。信頼区間(CI)

視されていない、ということである。あるいは、もう一つの可能性として、この公共政策の目的の説得力が十分にあるために、本来は受け入れられないであろうツールを使用することが正当化されていることが考えられる。

「義務づけ型の選択アーキテクチャー」を見ていこう。レジ周辺からの菓子類の撤去と公共機関の食堂での肉料理を提供しない日の設定の結果は、各国で驚くほど同じ傾向が示された。

前者は健康を増進するための選択アーキテクチャーの一種であり、日本を除くすべての国で過半数の支持があったが、最も高い賛成率(オーストラリア)と日本以外で最も低い賛成率(ロシア)との間には統計的に有意な差があった。

肉料理を提供しない日の設定も日本を除くすべての国で過半数の支持を得たが、ここでは支持が最も高かったのは中国で、オーストラリアでの支持率は低かった。

仮説1に関してここで観察されたパターンは、ヨーロッパ、アメリカで観察されたものに似ている。レジ周辺からの菓子類の撤去を例にすると、オーストラリア、中国、南アフリカはフランス、イギリスによく似ている。肉料理を提供しない日の設定については、ブラジル、中国、南アフリカの結果は、イタリアとフランスの結果と近い。

人口統計学的属性と政治的態度

15のナッジの賛成率を独立変数として、介入の度合いの五つの段階について、それぞれマルチレベル回帰を推定した。介入の度合いごとに平均賛成率を算出した。個人レベルでは、性別、年齢、教育水準（正規教育年数）、政治的態度（自己評価）を、国レベルでは国を従属変数として使った。結果は表5・1に示している。

注目すべき点として、表5・1に示すように、**性別**は参加者のナッジへの支持に系統的に影響を与えている。女性は五つのナッジの種類のうち四つ⑵、⑶、⑷、⑸への賛成が男性よりも有意に多い。この発見は少し慎重に受け止めたい。これと逆のパターンを示すであろうナッジがあることは明らかだ（ボクシング、ギャンブル、飲酒、狩猟を推奨するナッジがそうではないか）。今回テストされ

表5.1◉ナッジの賛成に関する主要な社会人口統計学的変数と政治的態度のナッジクラスター別推定：マルチレベル分析

ナッジクラスター	(1)純粋な政府のキャンペーン	(2)義務づけ型の情報提供ナッジ	(3)義務づけ型のデフォルトルール	(4)義務づけ型のサブリミナル広告	(5)義務づけ型のアーキテクチャー
男性	.281 (.459)	−1.429** (.531)	−1.707** (.574)	−5.767*** (1.065)	−4.024*** (.862)
年齢（歳）	.034* (.014)	.068*** (.017)	−.060*** (.018)	−.069* (.034)	.191*** (.028)
正規教育（年数）	.005 (.049)	.179** (.057)	−.091 (.061)	−.235* (.114)	−.037 (.092)
政治的態度（1＝リベラルから7＝保守まで）	−.008 (.186)	−.448* (.215)	−.533* (.233)	1.544*** (.432)	−.760* (.350)
観測数	7,594	7,594	7,594	7,594	7,594
ICC（切片＝国）	.024	.098	.118	.101	.112
P値切片分散	(.056)	(.048)	(.047)	(.048)	(.047)

凡例：* p≤.05; ** p≤.01; *** p≤.001.

注：2レベルランダム切片モデルの推定値。括弧内は標準誤差。従属変数は、干渉度に応じてカテゴリー分けしたナッジグループ（最小値：0、最大値：100）の平均。級内相関係数（ICC）は、全分散の中で「国」クラスターに起因する割合。

たナッジを女性のほうが支持しているとしたら、そうしたナッジの固有の目標を支持しているからだろう。

年齢の影響は強いが、その作用はナッジによって違う。

高齢者は若い人に比べて、「純粋な政府のキャンペーン」や「義務づけ型の情報提供ナッジ」など、干渉度の低い介入を有意に支持する傾向がある。

同じように、肉料理を提供しない日の設定とレジ周辺からの菓子類の撤去は、年齢の高い調査参加者のほうが強く支持している。その一方で、若い人は干渉度の高い介入に賛成する傾向が高齢者よりも強い（サブリミナル広告、デフォルトルールなど）。ただし、こうした発見はそれほど重要ではないだろう。

教育（正規教育年数で測定）の影響は年齢よりも弱く、興味深いことに、影響の方向性が違う。正規教育年数が長いほど、「義務づけ型の情報提供ナッジ」に賛成する水準が高く、「義務づけ型のサブリミナル広告」に賛成する水準が低いのだ。

より高い水準の正規教育を受けた人は、情報提供によって規制を促すことへの受容度が高く、政府が権力を使って人を操作することにはより懐疑的だといえそうだ。

参加者が自己評価した**政治的態度**の影響はまちまちである。予想どおり、五つのナッジの種類のうち三つ（⑵、⑶、⑸）については、「リベラル」（中道左派）と評価した人はナッジへの賛成が多くなる。興味深いことに、「義務づけ型のサブリミナル広告」についてはその逆となり、保守層のほうがリベラル層よりも支持する傾向が強い。

全体として、そして重要なポイントとして、政治的態度が賛成率に与える影響はごく限られており、第2章、第4章での結論と一致する。

三つの国カテゴリー

仮説1は、いくつかの制限条件がつくものの、かなり正しい結果になったといえる。提示されたナッジに対する調査対象国の支持の水準はおおむね高い。ほぼすべての国で、回答者の過半数が大半のナッジに賛成している。

全体として、今回の調査対象国間には相違点よりも類似点のほうが多かった。この傾向は、これまでの章で論じたアメリカとヨーロッパの調査結果と比較しても、同じことがいえる。そうだとすると、「ナッジの目的が正当であり、大半の人の利益と価値観に合うものであるかぎりは過半数が賛成する」ということは、多くの国にあてはまることだと思われる。

さらにこれまでの調査から、ナッジへの反応は大きく3つにグループ分けできるだろう。

一つ目のカテゴリーがいま述べた「**原則的ナッジ支持国**」である。明確な原則に基づいて、過半数が賛成するか、過半数が反対するかが決まる。

「原則的ナッジ支持国」のカテゴリーには、今回のサンプルの中にある西側の先進民主主義工業国（オーストラリア、カナダ、フランス、ドイツ、イタリア、イギリス、アメリカ）が含まれ、賛成率が酷似している。こうした国は、少なくともナッジについては、同じような規範と価値観をもっているようだ。アングロサクソン世界の大部分、特に今回のサンプル国の一部では、ナッジが長年にわたって使われて、公に議論されていることも関連しているだろう。

ロシア、ブラジル、南アフリカの3ヵ国はほぼ同じパターンを示しており、適切な制限条件をつければ、西側の民主主義国と同じカテゴリーに分類することができる。3ヵ国のうち、最も意外なのはロシアである（そして、われわれが立てた122ページの二つの仮説をいずれも部分的に否定している）。ここでの基本的な発見を説明するには、3ヵ国をさらに調査する必要があるだろう。[9]

これに対して、アジアの3ヵ国のようすはかなり違う。予想に反して、日本はデンマークとハンガリーと同様に明らかな外れ値であり、15のケースのうち13で、他のすべての国よりも賛成率が系統的かつ有意に低い（例外が二つあり、ロシア人は炭素排出料金の反対率が日本よりも高く、カナダ人は赤十字への寄付をデフォルトとすることに反対する傾向が日本よりも強い）。

したがって、ナッジに対する熱意が明らかに低い国々のグループがあるといっていいだろう。このカテゴリーには現時点ではデンマーク、ハンガリー、日本が入っているが、この先、どの国がここに入るか、もっとはっきりしてくるだろう。このカテゴリーが「**慎重型ナッジ支持国**」である。「**反ナッジ**」ともいえる国も、今後出てくるかもしれないが、いまのところは見つかっていない。

こうした国ではなぜ賛成率が低いのかという理由も、今後より明確になっていくはずだが、現時点で考えうることをまとめておきたい。

まず、こうした国では、今回テストされたナッジの目的（ナッジによって促進しようとする事柄）への熱意が相対的に低いといえそうだ。たとえば、喫煙を減らすことがそれほど重要なようには見えないのであれば、喫煙を減らそうとするナッジに対する支持は低くなるはずである。ナッジの目的に対する熱意が他の国よりも低いことによって、これらの国の賛成率の低さに、一部、説明がつくのではないか。

また、デンマーク、ハンガリー、日本については、政府への信頼が低いという説明のほうが自然である（これも推測ではあるが）。大勢の人がある種の経験則に従っているのかもしれない。「政府が何かを計画しているのであれば、それはたぶん悪いアイディアだろう」というものだ。いうまでもなく、この説明が正しいかどうかを検証し、今回の調査期間中に政府への信頼が低かった理由を解き明かすには、より系統的な分析が必要になるだろう。

現時点では、政府への信頼に関する最近のデータがわずかしかないが、一連のデータは、特にハンガリーの調査結果が、政府への信頼の低さによって説明できることを示している。[10]もう一つ、日本の政府に対する信頼がOECD平均をわずかに下回っている（ただし、2007年以降は上がっている）ことも、今回の発見と一致するデータといえるだろう。[11]

しかしどういうわけか、デンマークは、他のスカンジナビア諸国同様に、突出して高い水準で政府を支持している。[12]こうした問題については、第6章でさらに考察を進めたい。

韓国と中国も外れ値だが、方向が逆であり、全体として、すべてのナッジで賛成率が圧倒的に高い。したがって、ナッジに対して格別に高い熱意を示している三つ目の国カテゴリーがあるといっていいだろう。この国カテゴリーを「**圧倒的ナッジ支持国**」と呼ぶことにする。

このカテゴリーにいくつの国が入るかはまだわからないし、なぜ圧倒的に支持されるのか、その理由もわからない。先の例と同じように、わき見運転は深刻な問題だと広く考えられているなど、政策の正当性を重く見るというコンセンサスによって、いくつかのナッジが評価されているという説明は可能だが、これも推測だ。

もう一つの説明として考えられるのは、こうした国では、政府に対する信頼がとりわけ高いので、たとえそれが仮定のものであっても、どんな政策でも大多数が支持する傾向がある、というものだ。この場合、市民は次のような経験則に従っていることになる。「政府があることを計画しているのであれば、それはたぶんよいアイディアだろう」。

中国では政府に対する信頼が実際に高く、かつさらに上昇していることを示す調査結果がある。[13]中国人は、政府が投資と市場を直接統制することで生活水準が引き上げられるという高い期待をもっている。また実際に、平均的に見れば、生活水準は著しく改善している点で、政府は期待に応えているといえる。

証明することはできないものの、こうしたさまざまな説明は、全体像の大部分をとらえていると思われるが、それでもすべてをとらえきれていない可能性もある。そこでまず、中国について考えていこう。

中国は多くのナッジで最も高い賛成率を示した。その理由の一つとしては、中国の大半の地域では環境問題が深刻であり、悪影響を市民が直接感じることができるので、環境や健康、安全に関するナッジに対する熱意が総じて高くなることが考えられる。中国では大気汚染に対する関心が高く、現地調査期間中には、李首相がパリ協定を順守するためによりクリーンなエネルギー源にシフトするように求めた。大気汚染は健康被害をもたらすおそれがある水準に達しており、２０１６年12月に中国の23の都市が「赤色警報」を発令していた。

また、ナッジへの賛成率が高いもう一つの理由として、中国人が本当に政府を強く信頼していて、政府の政策の大半に純粋に賛成している可能性もある。

しかし、中国では中国共産党による権威主義体制に人々が慣れていることも関係があるだろう。権威主義体制下では、命令と禁止を通じて、人々の私的な意思決定に党が介入する（一人っ子政策や、公共の場での喫煙禁止を中国全土で実施する最近の政策がその例である）。命令と禁止が日々行われているのならば、ナッジに反対する余地はまったくないと見ることも可能かもしれない。たとえ匿名性が保証されていたとしても、提示された政策への支持を表明することに、回答者が何らかの圧力を感じていた可能性も考えられる。

何らかの圧力と関連するものとして、ここで、中国の「市民スコア」を紹介しよう。中国政府は「市民スコア」という指標を用いて、自国市民を「よい」市民と「悪い」市民に分類している。この「市民スコア」の存在が、政府が計画するあらゆるものに（オンラインで）賛成する強力なインセンティブとして働くかもしれない。[14] つまり、今回の結果では賛成率が驚くほど高くなっているが、これは一種の「虚偽の選好表明（自分の選好を正直に示さないこと）」を反映するものかもしれない。[15]

韓国についてはどうだろう。韓国でこのようなパターンが認められるとは予想しておらず、くわしく説明するには詳細な調査が必要になるだろう。大半のナッジへの賛成率が著しく高かった背景には、中国と同様に、政策目標に対する熱意と政府に対する全体的な信頼の高さがあるかもしれない。

くわえて、韓国のマスコミではナッジが盛んに議論されてきた。今回の調査では「ナッジ」という言葉は使わなかったし、マスコミでの議論が今回の調査結果の原因そのものであると主張するつもりもないが、選択の自由が確保されている介入を通じて、健康や安全に関する目標を促進するというアイディアは、韓国の文化ではなじみがある可能性が高い。

その一方で、現地調査期間中に、不正腐敗（汚職）疑惑が明るみに出た朴槿恵（パク・クネ）前大統領の退陣を求めて2ヵ月にわたる大規模な抗議活動が行われていたという背景を考えると、ナッジの賛成率が高いことは意外な結果だと見ることもできる。抗議デモを鎮圧するために戒厳令がしかれるおそれもあった。

最近では、韓国人の政府に対する信頼は低く、腐敗への疑念はハンガリー並みに高い。[16] 腐敗や現在の政府に対する懸念は強いものの、今回テストされたような種類の政策に対して有意な反対を生むほどではなかったと見るべきであろうか。あるいは韓国ではこうした政策を受け入れる文化的受容性があるといってもいいのかもしれない。

本調査のまとめ

多様な国々を調査して、大多数がナッジを支持していることがわかった。

ただし、日本は見過ごせない例外であり、また中国と韓国は賛成率が目を見張るほど高い。

とはいえ、本章最大の結論として、世界の国々を分ける三つのグループが示された。

(1)「原則的ナッジ支持国」：健康と安全に関するナッジを大多数が賛成している国々の、かなり大きなグループ。主に自由民主主義国。

(2)「圧倒的ナッジ支持国」：圧倒的多数がほとんどすべてのナッジに賛成している国々の、比較的小さなグループ。

(3)「慎重型ナッジ支持国」：過半数がナッジをおおむね支持しているが、(1)の国に比べて支持の

水準が著しく低い国々の、比較的小さなグループ。

である。

国による違いについては、まだわかっていないことがたくさんあり、われわれの説明は暫定的なもので、推測にとどまる。これはさらなる研究と検証可能な仮説の構築が求められる重要な分野である。

たとえば、中国の支持率がとても高い水準にあるのは、政府に対する信頼によるものか、政策目標に対する熱意なのか、政府が広範囲にわたって権力を有している状況に適応しているからなのか、ある種の「虚偽の選好表明」があって調査で支持の水準が不当に高くなっているからなのかはわかっていない。

また、「圧倒的ナッジ支持国」のカテゴリーに数多くの国が入るのかも（いまは中国と韓国のみ）、まだわからない。

現時点では、「慎重型ナッジ支持国」は少なく、数を見るかぎりでは、民主主義国の間では「原則的ナッジ支持」が基本的な共通認識になっているように思われるが、それが本当であるかどうかもわかっていない。今回調査対象にならなかった一部の国では、ナッジへの支持が少数にとどまる可能性も残っている。

表A5.1◉全対象国の観測数、RIM重み付き/重みなし

国	重み付きサンプル		重みなしサンプル	
	度数	パーセント	度数	パーセント
オーストラリア	1,000	12.5	1,001	12.6
ブラジル	1,000	12.5	1,000	12.6
カナダ	1,000	12.5	1,137	14.3
中国	1,000	12.5	985	12.4
日本	1,000	12.5	1,005	12.7
ロシア	1,000	12.5	918	11.6
南アフリカ	1,000	12.5	949	12.0
韓国	1,000	12.5	932	11.8
合計	8,000	100.0	7,927	100.0

注：サンプリングにあたっては、それぞれの国の国勢調査データに基づいて、国ごとに社会人口学的変数別の割り当て数をあらかじめ指定した。オーストラリア、ブラジル、カナダ、日本では、年齢、性別、地域の割り当て数を満たせた。中国、ロシア、南アフリカ、韓国では、教育水準の低い回答者の必要数を確保できなかった。ウェブベースの手段を使ったことを考えれば、さほど驚くことではない。現地調査期間を何度か延長したが、すべての国で教育の割り当て数を減らさざるを得なかった。これを補うため、オーバーサンプリングと重み付けを行った。中国、ロシア、南アフリカ、韓国については、性別、年齢、地域、教育の代表性を確保するために、RIM重み付けを行った。オーストラリア、ブラジル、カナダ、日本では、教育水準に関する代表性を確保するために同じ手順を踏んだ（年齢、性別、地域についてはすでに代表性が確保されていた）。

ハンガリーと日本に関しては、政府に対する信頼の欠如で、本調査結果の全体像の大部分が説明できそうだ。政府への信頼に各国でどの程度の差があるのか、あるいはその経時的な変化を見ていくことで、今回の国による差を手早く説明することができるだろう。

6

Trusting Nudges

「相手への信頼感」はどの程度、人々の判断を変えるのか？

この章では、さらに掘り下げて分析していく。「政府に対する信頼」の問題に主眼を置いて、国による調査結果の違いをよりくわしく理解することをめざしていきたい。

そうした深い分析のため、2018年に調査対象国の中の四つの国（ドイツ、デンマーク、韓国、アメリカ）で追加でデータを収集した。[1] ナッジに対する支持に応じた「三つのカテゴリー」から1ヵ国ずつ、そして三つの「文化クラスター」から1ヵ国ずつ選んだ。

また、ベルギー（フランドル地方）からも、比較用の調査データを収集した。[2] 調査参加者には、15のナッジと社会人口統計学的変数に加えて、身長・体重（ボディマス指数〔BMI〕を算出するため）、ライフスタイル、特定の商品の消費（アルコール、喫煙、肉）、雇用状態・種類、主観的健康状態・健康満足度、社会・制度に対する信頼感、環境に関する懸念、世界観・思考スタイル（将来の見通し、自由市場の信奉、政治的態度、リスク回避性など）のほか、いくつかの追加的な変数を含む、長い質問票に答えてもらった。こうした変数は、国による違いだけでなく、社会的グループによる違いを説明するのに役立つのではないかと思われる。

特に興味があったのが、社会・制度に対する信頼感という心理学概念である。こうした概念は、以前から世界各国の社会、コミュニティ、政府の強さと質を表す重要な尺度とされている。測定項目、推定有病率の妥当性を知るための指標は、世界中のほとんどの国について、世界価値観調査のデータセットなどから入手できる。[3]

この研究では、公的な制度への信頼が高い人のほうが、今回の質問項目において、政府によるナッジを受け入れようとするだろうという仮説を立てた。また、「自由」への指向が強い人は、ナッジを受け入れようとする傾向が低いのではないかとも推測した。

さらに、他の変数も検証した。まず、環境への懸念が態度や行動に与える影響については詳細な調査と国際比較が行われている。[4] 直感的には、環境を非常に強く懸念している人[5]は環境政策全般、特に「グリーンナッジ」を支持するように思える。[6] そして、予想どおりの結果になっている。

同じような理由から、健康状態がよくないことと、自分自身や他人の健康に対する不安が強いことは、健康分野のナッジへの賛成と正の相関があるのではないかと推測した。最近の研究によると、[7] BMIが高いほど、メニューへの栄養成分表示（今回使った15のナッジリストではナッジ1にあたる）の支持が高くなる正の相関があった。また、消費習慣（肉、タバコ、アルコール、移動手段）が個々のナッジへの賛成に与える影響についても探った。

これまでと同じように、ナッジの賛成率が人々の政治的態度に左右されるかどうか、という点にも興味があった。第2章で見たとおり、アメリカの共和党支持層は一部のナッジの賛成率が民主党支持層よりもやや低い。しかしこれは、共和党支持層がナッジに批判的であるというよりも、提示された政策目的の領域によるものである可能性が高い。「支持政党によるナッジバイアス」を思い出してほしい。これまでの章では、賛成率と支持政党との間には系統的な相関は認められなかった。

そして最後に、リスク回避、仕事の満足度、主観的幸福感が賛成率に影響を与えるのではないかと推測した。

要約すると、次のようになる。この研究では、環境保護と健康の分野を中心に、調査対象として選んだ国の人々がなぜ15のナッジに賛成したり反対したりするかを理解することをめざした。ナッジへの賛成や反対の理由については、政府制度への信頼に主眼を置いている。さらに、以前の章の調査を反復することで、賛成率と社会人口統計学的変数、特に性別の影響に関するこれまでの結果の正当性を検証する。そして、16ヵ国での全3回の調査から得られたナッジ賛成率に関するすべてのデータを（方法論的に可能な範囲内で）まとめることで、ナッジに対する人々の支持により広く光をあてていきたい。

この章の残りの部分では、次のように話を進めていく。最初に調査方法を示し、サンプル、調査、変数のほか、多段階の統計分析のそれぞれについて述べていく。

次に、5ヵ国（ベルギー、デンマーク、ドイツ、韓国、アメリカ）の結果から、政府への信頼度と賛成率との関係を特に重点的に見ていく。

また、この5ヵ国についての今回の結果をこれまでの調査の結果と比較し、すべての調査結果の全体図を示す。さらに、今回の研究の結果と有効範囲について論じ、ナッジ調査と行動科学の知見を活用した公共政策にとってどのような意味合いをもつか、意見を述べる。

そして最後に、政府への信頼とナッジに関する今回の発見を踏まえて、行動情報を活用した政策において重要な、市民の意見を聞き、市民を関与させることについて述べていく。

ナッジへの賛成・反対は何によって決まるのか？

サンプリングと調査の概要

第5章では、国ごとのナッジへの支持の水準について、大まかにグループ分けしたが、本章ではその各グループを考慮した5ヵ国でオンラインによる代表調査を行った。アメリカとドイツ（原則的ナッジ支持国）、韓国（圧倒的ナッジ支持国）、デンマーク（慎重型ナッジ支持国）、そして新しくベルギー（フランドル地方）である。[8]

今回も市場調査会社クアルトリクス[9]の支援を得て、調査を実施した。現地調査期間は2018年1月と2月の6週間だった。調査データには常時アクセスでき、調査が順調に進んでいるか、割り当てられた回収数が確保されているかどうかを毎日モニターすることができた。

章末（表A6・1）に、この調査の概要を示している。

調査手段

社会人口統計学的変数を含む53項目の質問票を作成した。これまでの研究と同じように、15のナッジはランダムな順番で表示された。

ナッジ以外の質問内容は、政治的態度の測定、心理学的構成概念（社会・政府への信頼、自由選択の感覚など）を測定する質問、個人的要因（主観的健康状態、環境への懸念、社会的信頼のほか、喫煙・飲酒習慣といった消費習慣など）である。調査手段の完全な詳細（分析に用いた基礎データセットを要約した記述統計）と使用された変数の全リストは、他の文献に記載している。[10]

これまでと同じく、質問票は完全に構造化され、すべての回答者に同じやり方で同じ質問をして、比較しやすいデータを得られるように設計されている。回答者には、問1から順番に質問文に従って答えてもらった。質問は1画面に一つずつ表示された。

社会人口統計学的な質問を除いて、すべての項目はランダムに表示された。前述したすべての調査と同様に、回答者には「あなたは次に示す架空の政策に賛成ですか、反対ですか」という質問に答えてもらった。回答のカテゴリーは「賛成」または「反対」とした。

「制度に対する信頼」については、二つの異なる質問を使用して、調査結果にエラーが生じるリスクを減らした。

その質問の一つ目は、世界価値観調査（World Value Survey）の「あなたは以下に示す制度をどれくらい信頼していますか」という質問文の後に、公的制度の一覧（軍隊、警察、裁判所、政府、政党、議会、行政、大学、欧州連合〔EU〕、国際連合）を列挙する方法をとった。

二つ目の質問は、「あなたは政府制度をどれくらい信頼していますか」とした。また、自由市場は環境や経済の問題を解決する最も優れた方法だと考えているかどうかも尋ねた。これは環境調査でも使われた質問である。すべての項目は7段階のリッカートスケールで評価してもらった。

これまでの調査と同じように、新しい質問項目を専門家が英語から各言語に翻訳し、それを英語に逆翻訳して、質問の意図が正しく伝わるように配慮した。フランドル地方の質問票も同様に、すべて翻訳・逆翻訳し、必要に応じて修正している。

なお、本調査の対象国はインターネット普及率が高く、インターネットにアクセスできなかったり習熟していなかったりするために回答が系統的に歪められることはないと想定できた。

図6.1◉関連変数の相関ヒートマップ

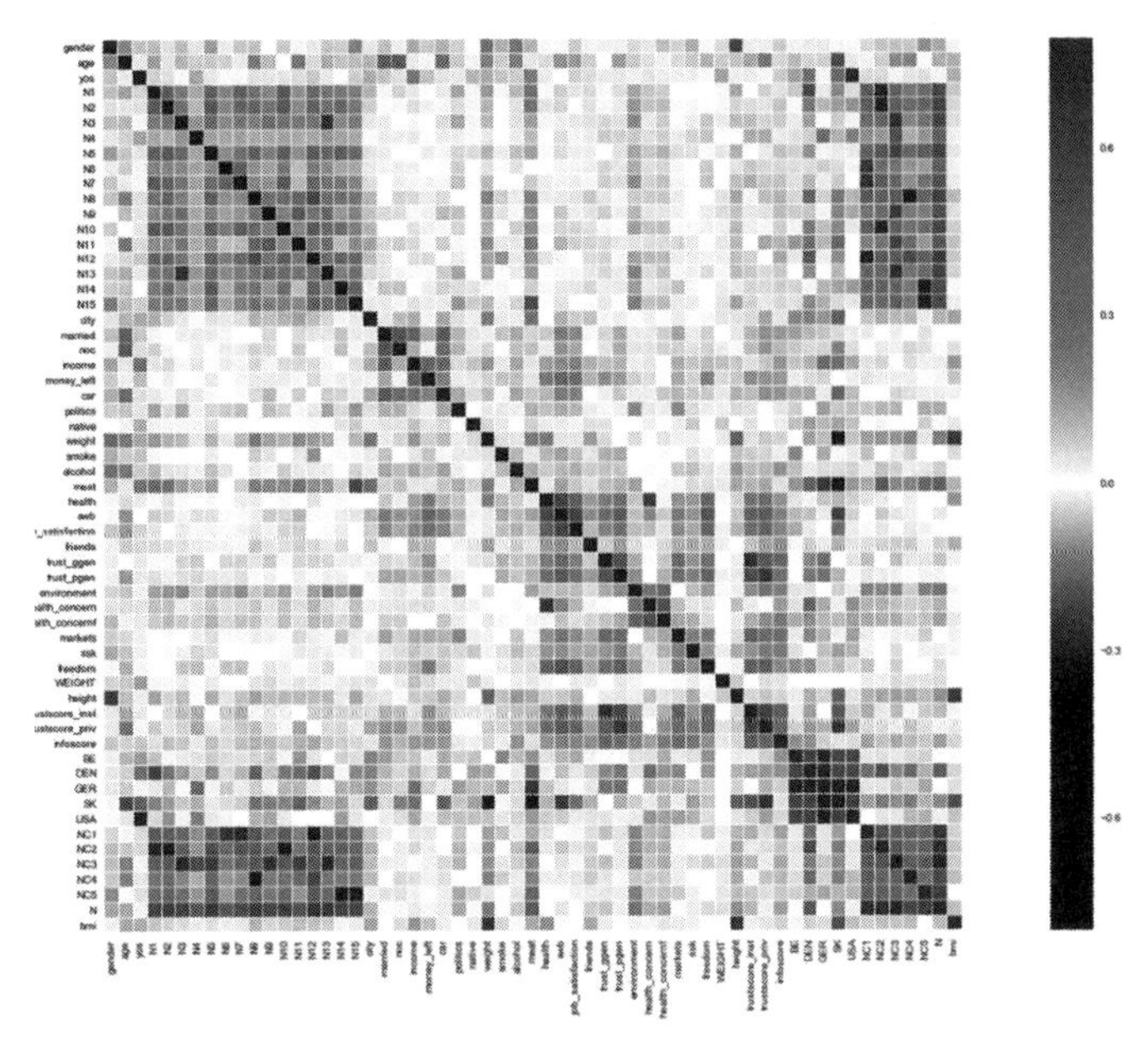

注：この図をカラーでダウンロードするには、電子リソース（www.routledge.com/9781138322783）にアクセスしてほしい。

統計分析の方法

統計分析はいくつかの段階を踏み、いくつかの方法論的アプローチを使って行われた（この章では、主な結果だけを報告する）。

第一段階では、この大量の変数（23）が関連しているかどうか、関連しているとしたらどのようにしているか、その概要をつかむために、すべての変数の間の相関を可視化する相関ヒートマップを作成した（図6・1）。このヒートマップをもとに明らかに相関している変数を選別し、より深く調べた。

表6.1◉ナッジクラスター別の重み付きOLS回帰(2018年調査)

	クラスター					
	(1)	(2)	(3)	(4)	(5)	(6)
	全体の賛成	政府のキャンペーン	情報提供ナッジ	デフォルトルール	サブリミナル広告	選択アーキテクチャー
ドイツ(GER)	0.0316*** (0.012)	0.0165 (0.014)	0.0494*** (0.015)	−0.0169 (0.014)	0.0986*** (0.025)	0.1394*** (0.020)
デンマーク(DEN)	−0.0689*** (0.011)	−0.0800*** (0.014)	−0.1041*** (0.017)	−0.0776*** (0.014)	−0.0540** (0.024)	0.0193 (0.020)
韓国(KOREA)	0.1390*** (0.014)	0.1289*** (0.017)	0.1961*** (0.018)	0.1257*** (0.018)	0.3433*** (0.031)	0.0064 (0.027)
ベルギー(BE)	0.0413*** (0.011)	0.0334** (0.014)	0.0219 (0.016)	0.0046 (0.014)	0.1728*** (0.024)	0.1267*** (0.020)
男性(Male)	−0.0188*** (0.007)	−0.0130 (0.009)	−0.0169* (0.010)	−0.0104 (0.009)	−0.0124 (0.016)	−0.0590*** (0.013)
年齢(Age)	−0.0006** (0.000)	0.0007** (0.000)	−0.0000 (0.000)	−0.0014*** (0.000)	−0.0024*** (0.001)	−0.0004 (0.000)
正規教育年数(Yos)	−0.0032*** (0.001)	−0.0015 (0.001)	−0.0031*** (0.001)	−0.0034*** (0.001)	−0.0060*** (0.002)	−0.0040*** (0.001)
都市(City)	0.0045** (0.002)	0.0052* (0.003)	0.0068** (0.003)	0.0036 (0.003)	0.0079 (0.005)	0.0011 (0.004)
婚姻関係(Married)	0.0055 (0.008)	0.0065 (0.010)	−0.0053 (0.011)	0.0053 (0.010)	0.0162 (0.019)	0.0154 (0.014)
子ども人数(Noc)	0.0060* (0.003)	0.0003 (0.004)	0.0022 (0.004)	0.0082** (0.004)	−0.0003 (0.007)	0.0165*** (0.006)
所得(Income)	−0.0015 (0.001)	−0.0005 (0.001)	0.0009 (0.002)	−0.0036** (0.001)	−0.0038 (0.003)	0.0009 (0.002)
貯蓄額(Money left)	0.0000 (0.008)	0.0077 (0.009)	0.0127 (0.010)	−0.0142 (0.009)	0.0215 (0.016)	0.0012 (0.013)
自動車(Car)	0.0047 (0.009)	−0.0086 (0.011)	0.0198 (0.012)	0.0011 (0.011)	0.0079 (0.019)	0.0116 (0.015)
政治的態度(Politics)	−0.0053** (0.002)	−0.0068** (0.003)	−0.0047 (0.003)	−0.0065** (0.003)	0.0088 (0.005)	−0.0077* (0.004)
自国民(Native)	−0.0349*** (0.012)	−0.0200 (0.015)	−0.0361** (0.016)	−0.0219 (0.015)	−0.0824*** (0.028)	−0.0705*** (0.019)

	クラスター					
	(1)	(2)	(3)	(4)	(5)	(6)
	全体の賛成	政府のキャンペーン	情報提供ナッジ	デフォルトルール	サブリミナル広告	選択アーキテクチャー
喫煙(Smoke)	−0.0100 (0.008)	−0.0331*** (0.009)	−0.0102 (0.010)	0.0133 (0.010)	−0.0749*** (0.017)	−0.0122 (0.014)
アルコール(Alcohol)	−0.0092*** (0.003)	−0.0101** (0.004)	−0.0152*** (0.004)	−0.0085** (0.004)	−0.0032 (0.007)	−0.0038 (0.006)
肉(Meat)	−0.0120*** (0.004)	0.0054 (0.004)	−0.0087* (0.005)	−0.0102** (0.004)	−0.0128* (0.008)	−0.0481*** (0.006)
健康(Health)	0.0007 (0.003)	0.0075* (0.004)	−0.0040 (0.004)	−0.0021 (0.004)	0.0146** (0.007)	−0.0009 (0.006)
主観的幸福感(Swb)	−0.0057 (0.003)	−0.0092** (0.004)	−0.0037 (0.005)	−0.0059 (0.004)	0.0003 (0.008)	−0.0057 (0.006)

次に、すべての変数とナッジへの賛成に対してマルチレベル回帰を行い（表6・1）、デシジョンツリー分析（変数間の関係をツリー構造で表し、ある結果に影響を与えた要因を見つける手法）を援用して結果の頑健性をテストし、発生確率の大きさを推定した。回帰と機械学習アルゴリズムを実行するために、第5章で使った五つのクラスターに15のナッジを分類した。

ナッジへの賛成を決める要素の正体

年齢、性別とナッジへの賛成

図6・1の相関ヒートマップが示唆するように、ナッジへの賛成と関連変数との間には記述的相関（統計データ同士の数字上の相関関係で、因果関係は不明でもよい）があると予想される。

これまでの調査結果と同じように、性別と年齢は賛成と有意な相関があった。さらに、新しい変数である「制度への信頼」「環境への懸念」は、それぞれが高いほどナッジへの賛成が高くなる強い相関が認められた。「自由市場の信奉」は、それが高いほどナッジへの賛成が低くなる相関があった。

制度への信頼（trustscore_inst）で条件づけした性別による賛成率を図6・2に示している。図が示すように、制度への信頼が高いほどナッジの平均賛成率が高くなるという関連が見られ、男性よりも女性のほうがその傾向が強いようだ。

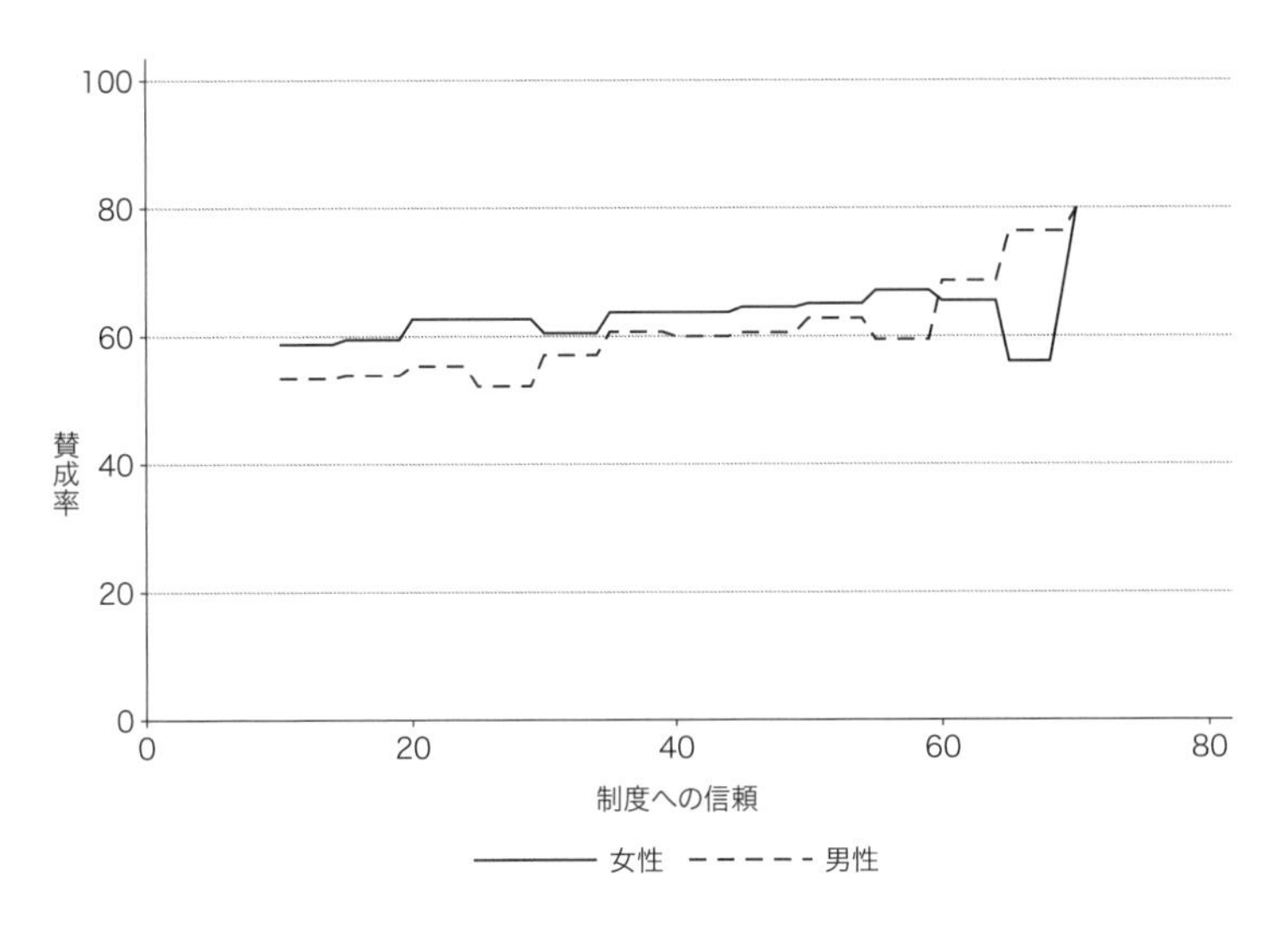

図6.2◉制度への信頼で条件づけした全体のナッジ賛成率

注：このグラフは、世界価値観調査の設問「以下の（10の）制度をどれくらい信頼しているか、1〜7の7段階でお答えください」を説明変数（trustscore_inst）として使っている。

興味深い点として、「社会への信頼」と「他者への信頼」という概念は、賛成率とは相関していなかった。しかし、これはまったく予想外のことではない。今回の調査では政府の政策に焦点が置かれており、制度への信頼が高いほどどうなるかという問題のほうが、より深く関連している。

さらに、相関ヒートマップからは、全体的なナッジへの賛成と大量の変数、なかでも自分の健康状態や健康に対する懸念、主観的幸福感、自由選択の感覚、リスク回避性、BMIとの間に強力かつ有意な相関は示唆されなかった。これは意外な結果だろう。

同時に、ヒートマップからは予想どおりの結果も示唆されている。肉の消費と「公共機関の食堂で肉料理を提供しない日をつくる」（ナッジ15）への賛成には負の相関が見られる。喫煙者は喫煙をやめさせるための政府のキャンペーン（ナッジ12）（およびサブリミナル広告）に反対しており、お酒を飲む人のほうがナッジ全般に反対する頻度が高い。その点においては、行動様式はナッジへの賛成度に影響を与えているようだ。

自分が好んでいて、かつ、いましていることをやめるようにナッジされたいとは思っていない。もっともそれは驚くべきことではないだろう。しかし有害な行動（喫煙など）をしている人は、その行動を減らす取り組みを特に支持するのではないかと考えられていたものの、それが覆されたことになる。

「公的制度への信頼」と「ナッジへの賛成」

公的制度への信頼とナッジへの賛成との関係は、重み付き重回帰によって確認され、効果は強く、かつ有意だった。予想どおり、「自由市場の信奉」とナッジへの賛成との間に有意な負の関係が認められた（補足すると、市場への依存を促すナッジをテストしてもよかったが、その場合には、関係は正になると予想される）。表6・1に、五つのナッジクラスターの回帰の結果に加えて、すべてのナッジを合わせた回帰の結果を列(1)に示している。

「公的制度への信頼」と「ナッジへの賛成」には、高い相関がある。ナッジへの賛成の限界確率を予測する、つまり、ある要因が1単位変化すると、賛成を選択する確率がどれだけ変化するか、その効果の大きさを予測するために、ナッジの質問項目をそれぞれ別々に独立変数として、ロジスティックモデルを推定した。

図6・3に示すとおり、公的制度への信頼で条件づけした賛成の予測限界確率は、信頼スコアが最低値（10）の場合と最高値（70）の場合とでは有意な差がある。たとえば、（他の条件が同じなら）「グリーンエネルギーを推奨する」ナッジ（ナッジ3）が受け入れられる確率は、制度への信頼が最低値の人（サンプルの中の平均的な個人にとって）はおよそ55％と推定されるが、制度への信頼が最高値の人では、この確率はほぼ95％まで上昇する。

図6.3●制度への信頼で条件づけした賛成の予測限界確率

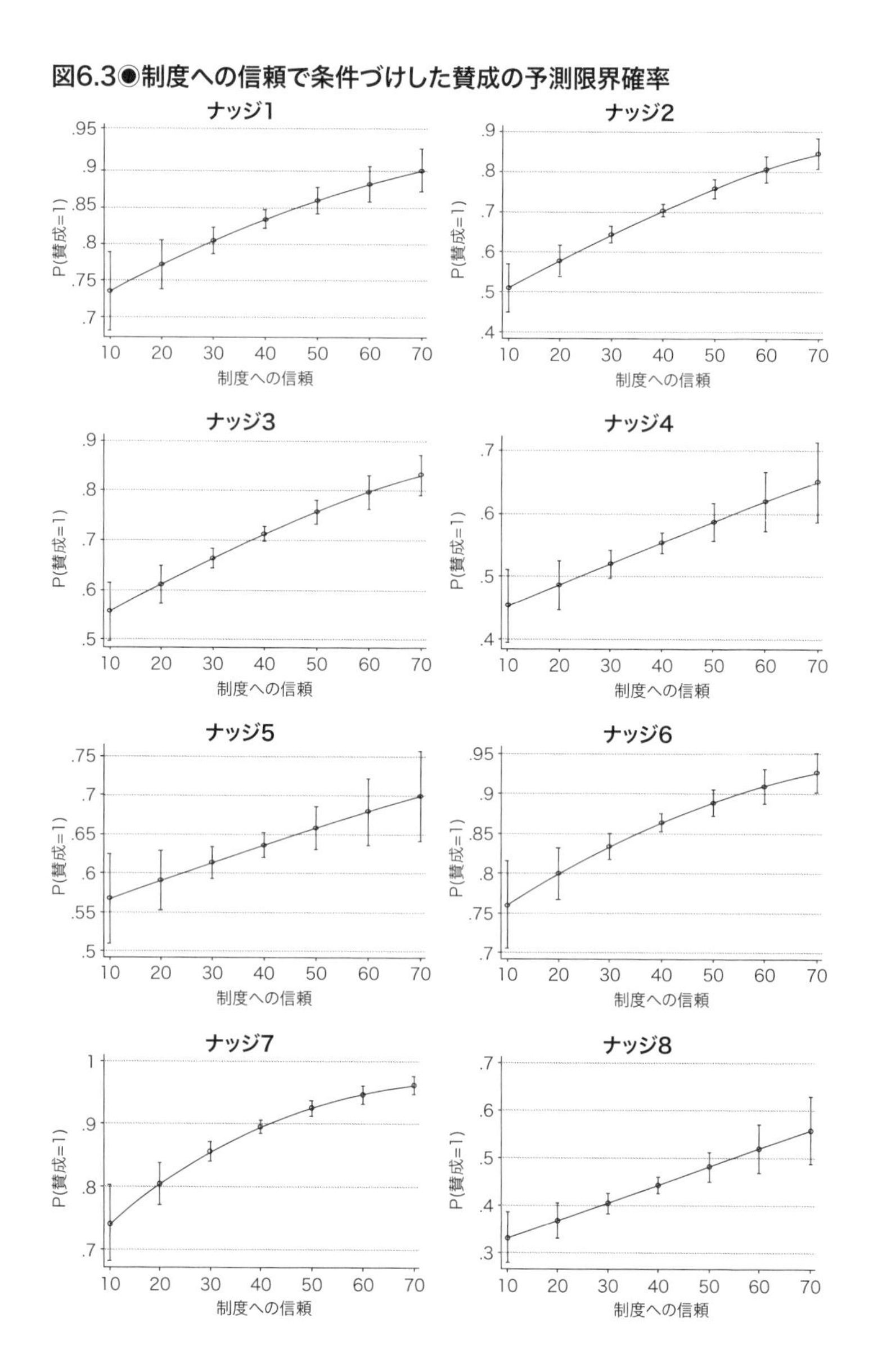

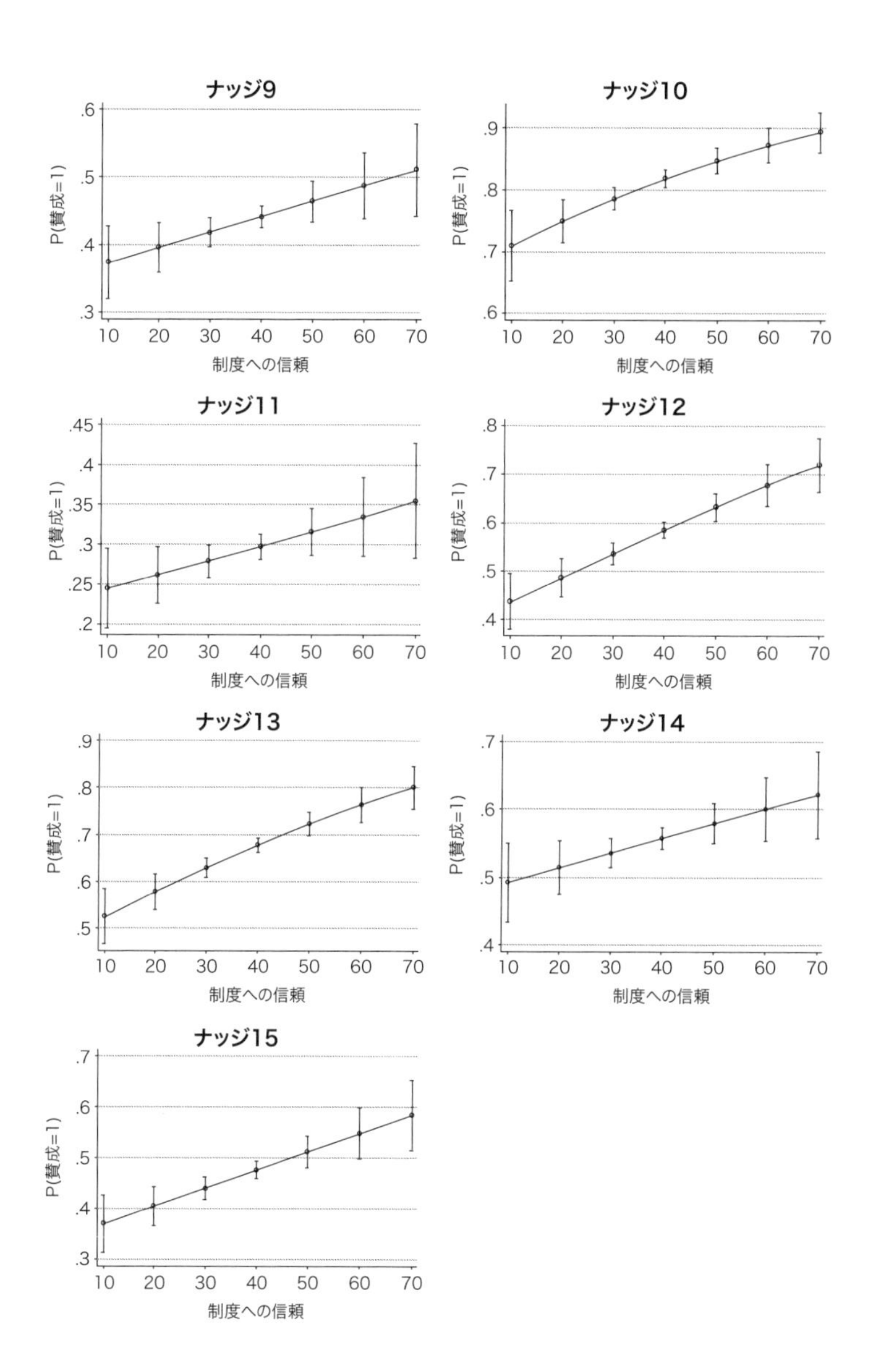
ナッジ9
P(賛成=1)
.6
.5
.4
.3
10 20 30 40 50 60 70
制度への信頼
ナッジ10
P(賛成=1)
.9
.8
.7
.6
10 20 30 40 50 60 70
制度への信頼
ナッジ11
P(賛成=1)
.45
.4
.35
.3
.25
.2
10 20 30 40 50 60 70
制度への信頼
ナッジ12
P(賛成=1)
.8
.7
.6
.5
.4
10 20 30 40 50 60 70
制度への信頼
ナッジ13
P(賛成=1)
.9
.8
.7
.6
.5
10 20 30 40 50 60 70
制度への信頼
ナッジ14
P(賛成=1)
.7
.6
.5
.4
10 20 30 40 50 60 70
制度への信頼
ナッジ15
P(賛成=1)
.7
.6
.5
.4
.3
10 20 30 40 50 60 70
制度への信頼

結果の概要

環境への懸念についても同じことがいえる。予想どおり、相関関係は強力である。回帰分析から得られた他の結果は報告する価値があるが、有意性は低くなる。正規教育水準（正規教育年数）が高いほどナッジの賛成率が下がるという相関がある。都市部の住人は、村や郊外に住む人よりもナッジに賛成する傾向がある。子ども人数は賛成率と正の相関がある。中道左派層は保守層よりもナッジに賛成しているように見える。

ナッジ賛成率に関する国のカテゴリー分けを再検討するため、全3回の調査（2015年、2016年、2017／18年）から得られた16ヵ国の結果をまとめた。章末にある表A6・3に、全対象国、回答者総数2万501人のサンプルとサンプリングの概要を示している。一連の調査から得られた比較可能なデータを使って、もう一つ別に回帰分析を行った（メキシコとアイルランドは一部のデータが欠けており、アメリカも完全に比較可能ではない）。付録にある表A6・4に、五つのナッジクラスターに関する重み付きOLS（最小2乗法）回帰（誤差の2乗の和を最小にするような最も確からしい値を、重みをつけて求める方法）の結果を示している。

これまでの調査の結果を確認するものとして、性別はここでも各国のナッジ賛成率と高い関係があった。例外は中国で、男性の回答者のほうが女性よりもナッジに有意に賛成した（これは図A6・1でも認められる）。しかしこの点は、中国は男性も女性も賛成率が80～90％と高いことを考慮して解釈するべきである。

また、デンマーク、ドイツ、韓国での15のナッジに対する賛成率を経時比較した。この3ヵ国は最初の調査から2年半後に再調査を行った。全体として、3ヵ国の賛成率はこれまでの研究と比べておおむね変わらなかった。支持の度合いにはわずかな変化しか認められず、男性、女性とも、賛成の増加と減少の両方向とも変化は小さかった（章末にある図A6・2）。国カテゴリー分けは3年後も変わらず、デンマークは「慎重型ナッジ支持国」、ドイツは「原則的ナッジ支持国」、韓国は「圧倒的ナッジ支持国」のままであった（第5章の説明を参照）。この点は韓国については特に注目に値する。韓国はその3年間に民主化が著しく進展している。

そして最後に、今回の方法論に従ってナッジ賛成率を測定した3ヵ国（メキシコ、アイルランド、ベルギー）は、「圧倒的ナッジ支持国」（メキシコ）と「原則的ナッジ支持国」（ベルギーとアイルランド）であることがわかった。

ナッジを賢く役立てるために

一部の国では、政策立案者の行動的介入はきわめて慎重に行われている。それは、「過保護国家」と批判され、ひいては市民を操作していると非難されることがないようにするためだ。大衆が支持しない政策手段を採用すれば、成功する可能性は低くなり、意図しない大きな副作用をもたらすことなく意図したとおりに行動を変化させるのは難しくなるだろう。さらに、「大衆が支持しない政策手段を使うとどうなるか」という記述的な意味だけでなく、「大衆が支持しない政策手段を使うべきかどうか」という規範的な意味でも、正当性があるとはいいがたい（第9章参照）。

これまでの研究と同じように、全体としてナッジは支持されているが、支持の水準には国によって著しい違いが見られた。支持の水準がいちばん低いのがデンマーク、いちばん高いのが韓国とメキシコであり、その中間にドイツ、ベルギー、アイルランド、アメリカが位置する。

予想されたとおり、干渉の水準で分類した五つの「ナッジのタイプ（88ページ参照）」に従って、国家による介入の水準が上がると、支持は全体として下がるようだ（ただし、以下の二つの事実に照らして、この結論は慎重に受け止めたい。〔1〕介入の水準よりもナッジの内容、すなわち人々をナッジしようとする方向に左右されるところが大きい。〔2〕〔1〕と一致するものとして、殺人、レイプ、傷害、窃盗など、悪質な不正行為に高い水準で干渉することは受け入れられる）。

くわえて、企業をターゲットとするナッジでは賛成率が総じて高く（あるいは反対率が低く）、個人を直接ターゲットとするナッジでは賛成率が低い（この発見も慎重に受け止めたい。なぜなら、個人に直接適用されるナッジの中にも高い水準の賛成を得ているものが多数あるからだ。カロリー表示がそれだ。その一方で、企業に適用されるナッジでも、賛成を得られないものもあるだろう。大気汚染を増やそうとするナッジを考えてみてほしい）。ナッジが対象とする活動（喫煙など）に関与している人は、そのナッジを支持する傾向が弱い。

われわれが特に関心をもっているのは、「公的制度への信頼が高いほどナッジへの支持が強くなる」という相関についての仮説である。今回の分析によって、この仮説は確認されたと考えてよい。また、自由市場は環境問題や経済的問題を解決する最も優れた制度だと信じている人のほうがナッジに批判的である。

女性は今回テストされたナッジへの賛成と相関が認められた。さらに、自分の健康に対する不安や自分の健康状態は受容度にまったく影響を与えず、肉の消費は「食堂に肉料理を提供しない日をつくる」ナッジの（非）受容度にだけ影響を与えた。

前にテストされた3ヵ国の賛成率が過去3年間ほとんど変わっていないことは注目される。大きな政治的変化が起きている韓国は特にそうである。

こうした結果は、政策立案者に知見を提供するものとなる。公的制度全般に対する信頼が高く、環境への懸念が強ければ、ナッジについて話し合いやすくなるかもしれない。これから行われる介入に市民が関与し、積極的に選択でき、フィードバックを提供するように求められると、ナッジ全般への支持は高まるはずである[11]。特定の領域（健康、環境、安全）や特定の消費習慣（肉やアルコール、喫煙）で有益な結果を得られることが予想できたり、有益な結果を得られたことが報告できたりすれば、大衆と意見を交換するのに役立つのではないか。

有効性と正当性の両方を確保するには、大衆と密接に関わり合い、その懸念に耳を傾けることが何よりも重要だろう。公共政策にナッジをとりいれても、画一的なやり方ではうまくいかない可能性がある[12]。影響を受けるグループを早い段階で参加させ、一般市民が内容を精査し、議論を重ねながら開発すれば、ナッジが効果をあげて、大衆に受け入れられやすくなるだろう。政府制度をつくるプロセスを透明にするのと同じことである。大衆の参加と、世界各国の主要な政策研究所が求める「テスト―学習―適応―共有」アプローチをとりいれることが、成功に欠かせない条件となる[13]。

結論として、次の四つの点をあげたい。第一に、さまざまな国や文化にわたってナッジは政策ツールとして高い水準の支持を得ていることが確認された。第二に、ベルギーとアイルランドは、市民が総じてナッジを受け入れている民主主義国の大きなグループに入るが、重要な例外と制限条件があり、また、メキシコは、中国と韓国により近く、賛成率が圧倒的に高い。第三に、ナッジの干渉度が高くなるほど、大衆の支持の水準は下がる。第四に、政府・制度への信頼はナッジへの賛成と高い相関がある。

ここで強調したいのは最後の点である。信頼を得るいちばんの方法は、信頼を得る努力をすることだ。その意味では、行動情報を活用した政策が社会の厚生を促進するようにするだけでなく、そうした政策が透明性をもって採用されるプロセスを確立して、市民がかかわる十分な機会を提供し、市民の反対意見や懸念に耳を傾けることも重要になる。

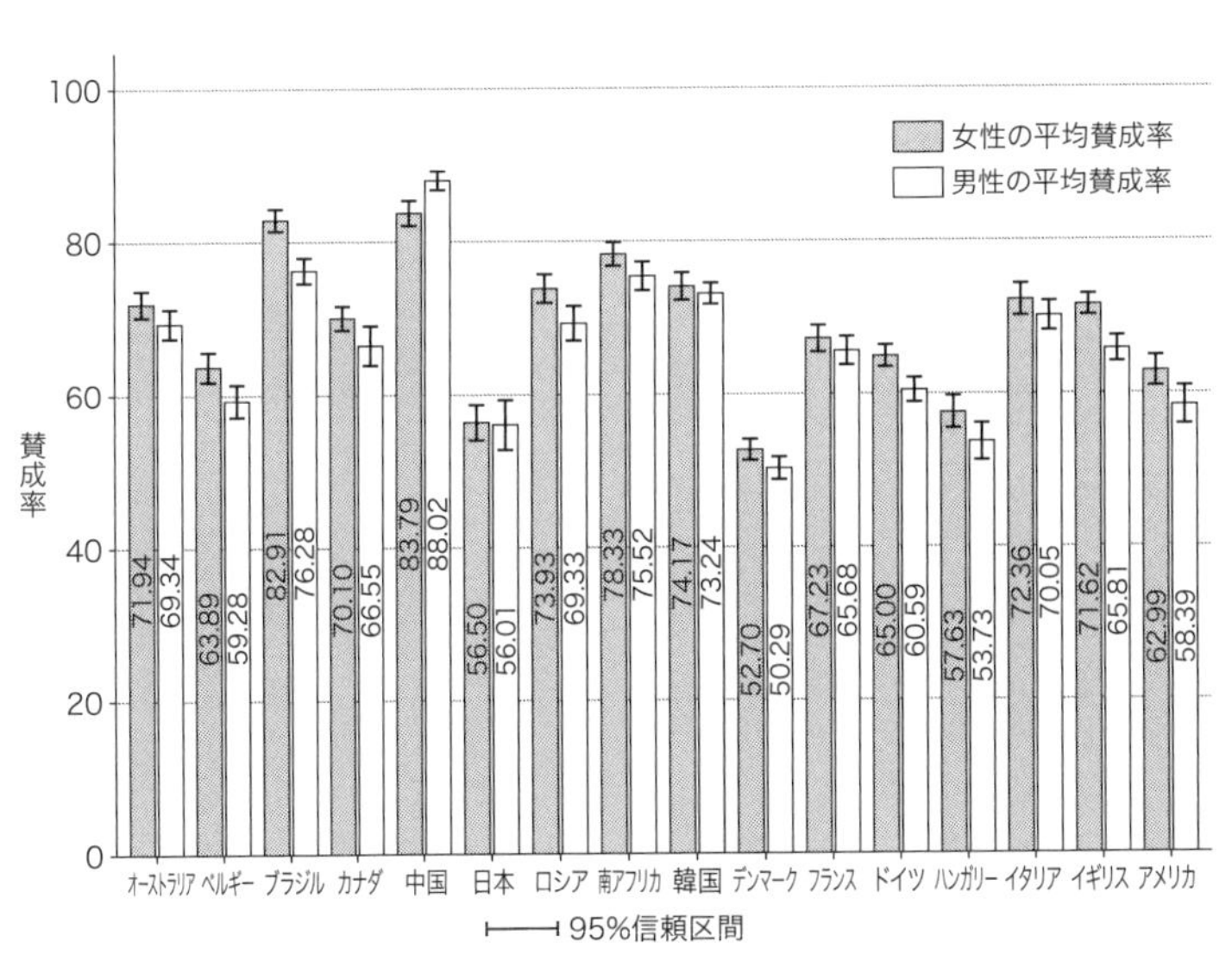

図A6.1◉性別によるナッジ賛成率（全調査）

図A6.2◉韓国(K)、デンマーク(DK)、ドイツ(G)の期間別のナッジ賛成率

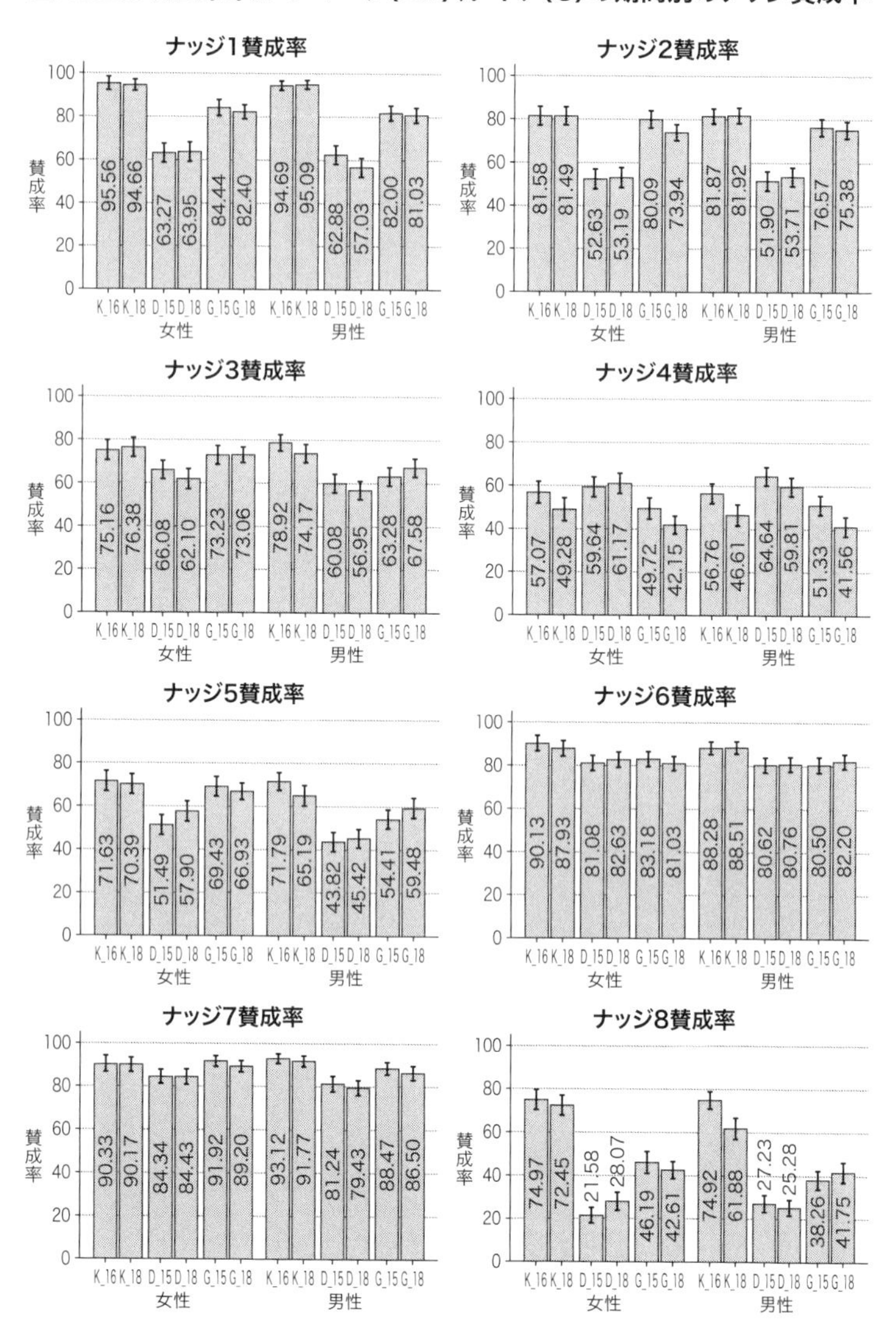

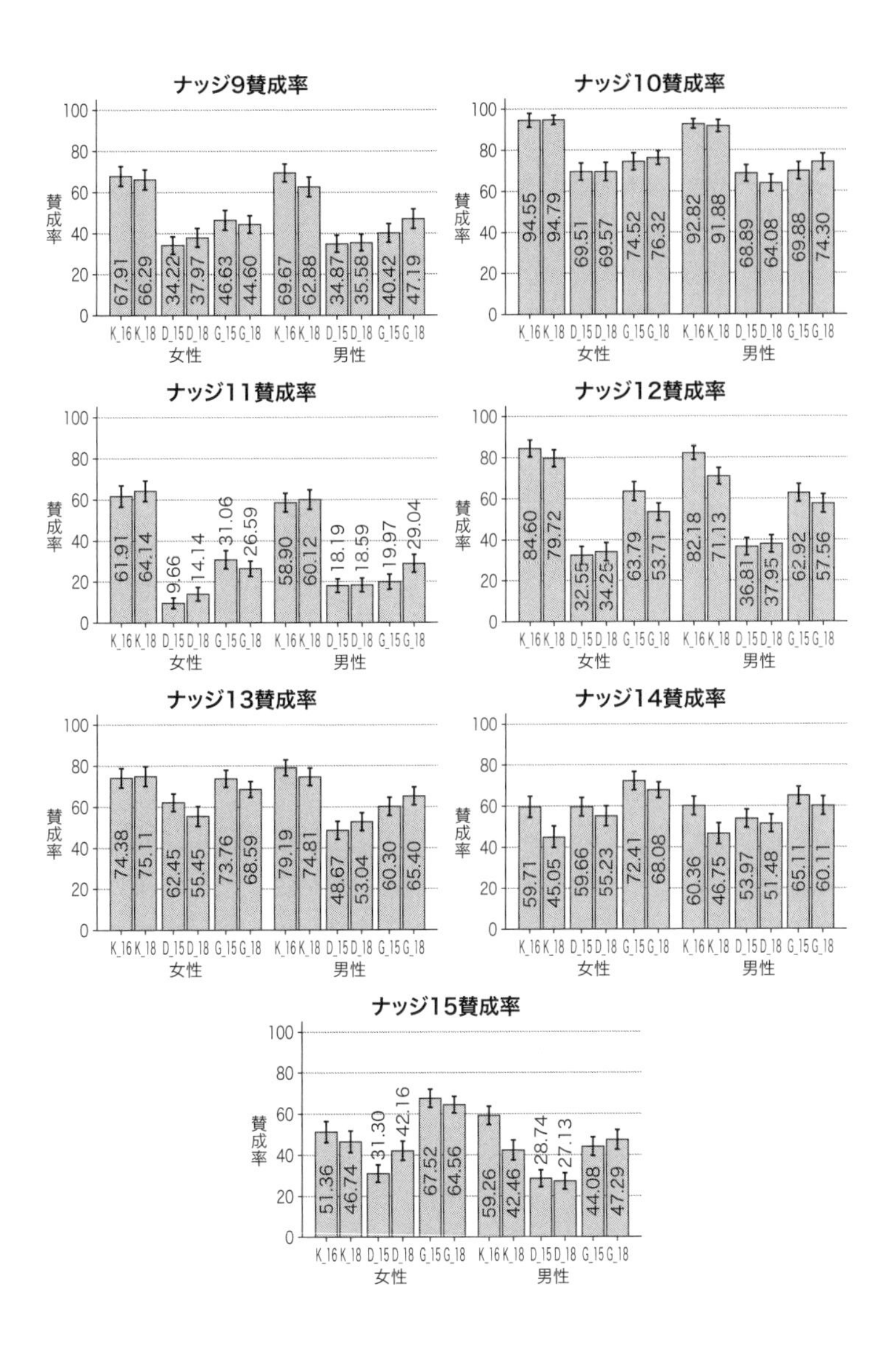
ナッジ9賛成率
ナッジ10賛成率
ナッジ11賛成率
ナッジ12賛成率
ナッジ13賛成率
ナッジ14賛成率
ナッジ15賛成率
賛成率
K_16 K_18 D_15 D_18 G_15 G_18
女性
男性

表A6.1◉各国のサンプルとサンプリング(2018年調査):代表性と調査方法の種類(2018年調査)

国	データ提供者	サンプル年	未修正のサンプルサイズ	代表性	調査方法	重み付け法	サンプル	パネルの募集方法	センサス/母集団	調査のフレーム
ベルギー	GfK	2017/2018	1,002	性別、年齢、地域、教育をオンライン方式で代表	CAWI	重み付けなし	割り当て法	オンライン	インターネットユーザー1000万人、18歳以上	フレームなし
デンマーク	クアルトリクス	2017/2018	966	性別、年齢、地域、教育をオンライン方式で代表	CAWI	RIM	割り当て法	オンライン	インターネットユーザー540万人、18歳以上	フレームなし
ドイツ	クアルトリクス	2017/2018	1,535	性別、年齢、地域、教育をオンライン方式で代表	CAWI	RIM	割り当て法	オンライン	インターネットユーザー5500万人、18歳以上	フレームなし
韓国	クアルトリクス	2017/2018	1,017	性別、年齢、地域、教育をオンライン方式で代表	CAWI	RIM	割り当て法	オンライン	インターネットユーザー4390万人、18歳以上	フレームなし
アメリカ	クアルトリクス	2017/2018	1,012	性別、年齢、地域、教育をオンライン方式で代表	CAWI	RIM	割り当て法	オンライン	インターネットユーザー2億7240万人、18歳以上	フレームなし

表A6.2●記述統計――全変数(2018年調査)

	N	μ	δ
国(Country)	5,385.000	2.889	1.386
性別(Gender)	5,385.000	0.505	0.500
年齢(Age)	5,385.000	46.676	16.391
正規教育年数(Yos)	5,385.000	12.297	4.989
ナッジ1	5,385.000	0.789	0.408
ナッジ2	5,385.000	0.668	0.471
ナッジ3	5,385.000	0.683	0.465
ナッジ4	5,385.000	0.537	0.499
ナッジ5	5,385.000	0.615	0.487
ナッジ6	5,385.000	0.843	0.364
ナッジ7	5,385.000	0.864	0.343
ナッジ8	5,385.000	0.429	0.495
ナッジ9	5,385.000	0.425	0.494
ナッジ10	5,385.000	0.777	0.416
ナッジ11	5,385.000	0.301	0.459
ナッジ12	5,385.000	0.558	0.497
ナッジ13	5,385.000	0.651	0.477
ナッジ14	5,385.000	0.542	0.498
ナッジ15	5,385.000	0.460	0.498
都市(City)	5,385.000	3.124	1.575
婚姻関係 (Married)	5,385.000	0.480	0.500
子ども人数(Noc)	5,385.000	1.179	1.250
所得(Income)	5,385.000	5.574	3.241
貯蓄額(money_left)	5,385.000	0.584	0.493
自動車(Car)	5,385.000	0.753	0.431
政治的態度(Politics)	5,385.000	3.945	1.360
自国民(Native)	5,385.000	0.904	0.295
体重(Weight)	5,385.000	77.603	19.720
喫煙(Smoke)	5,385.000	0.286	0.452
アルコール(Alcohol)	5,385.000	1.949	1.070

〈次のページに続く〉

	N	μ	δ
肉(Meat)	5,385.000	3.342	1.110
健康(Health)	5,385.000	4.826	1.315
主観的幸福感(Swb)	5,385.000	4.882	1.397
仕事の満足度(job_satisfaction)	5,385.000	4.552	1.887
友人数(Friends)	5,385.000	0.776	0.417
政府への一般的信頼(trust_ggen)	5,385.000	3.490	1.517
人への一般的信頼(trust_pgen)	5,385.000	4.101	1.322
環境(Environment)	5,385.000	4.940	1.439
健康への懸念(health_concern)	5,385.000	4.479	1.570
友人・親戚の将来の健康状態への懸念(health_concernf)	5,385.000	4.595	1.505
市場(Markets)	5,385.000	3.958	1.414
リスク(Risk)	5,385.000	3.795	1.435
自由(Freedom)	5,385.000	5.012	1.374
身長(Height)	5,385.000	171.425	9.661
制度への信頼(trustscore_inst)	5,385.000	37.462	12.162
民間への信頼(trustscore_priv)	5,385.000	25.926	6.493
インフォスコア(Infoscore)	5,385.000	23.866	7.278
N	5,385.000	0.609	0.235
NC1	5,385.000	0.755	0.282
NC2	5,385.000	0.745	0.325
NC3	5,385.000	0.535	0.283
NC4	5,385.000	0.429	0.495
NC5	5,385.000	0.501	0.400
BMI	5,385.000	26.307	6.003

表A6.3◉各国のサンプルとサンプリング:代表性と調査方法の種類(16ヵ国、全サンプル、全調査)

国	データ提供者	サンプル年	未修正のサンプルサイズ	代表性	調査方法	重み付け法	サンプル	パネルの募集方法	センサス/母集団	調査のフレーム
オーストラリア	クアルトリクス	2016	1,001	性別、年齢、地域、教育をオンライン方式で代表	CAWI	ターゲット	割り当て法	オンライン	インターネットユーザー2100万人、18歳以上	フレームなし
ベルギー	GfK	2017/2018	1,002	性別、年齢、地域、教育をオンライン方式で代表	CAWI	重み付けなし	割り当て法	オンライン	インターネットユーザー1000万人、18歳以上	フレームなし
ブラジル	クアルトリクス	2016	1,000	性別、年齢、地域、教育をオンライン方式で代表	CAWI	ターゲット	割り当て法	オンライン	インターネットユーザー9300万人、18歳以上	フレームなし
カナダ	クアルトリクス	2016	1,137	性別、年齢、地域、教育をオンライン方式で代表	CAWI	ターゲット	割り当て法	オンライン	インターネットユーザー2950万人、18歳以上	フレームなし
中国	クアルトリクス	2016	985	性別、年齢、地域、教育をオンライン方式で代表	CAWI	ターゲット	割り当て法	オンライン	インターネットユーザー5億3300万人、18歳以上	フレームなし

〈続く〉

国	データ提供者	サンプル年	未修正のサンプルサイズ	代表性	調査方法	重み付け法	サンプル	パネルの募集方法	センサス/母集団	調査のフレーム
デンマーク	クアルトリクス	2017/2018	966	性別、年齢、地域、教育をオンライン方式で代表	CAWI	RIM	割り当て法	オンライン	インターネットユーザー540万人、18歳以上	フレームなし
デンマーク	GfK	2015	1,000	性別、年齢、地域を聞き取り方式で代表	CAWIオムニバス	ターゲット	割り当て法	オフライン	インターネットユーザー454万人、18歳以上	消費財（ソフトドリンク、コーヒーマシン、補聴器）とグレートベルト橋の往来に関してあり
フランス	GfK	2015	1,022	性別、年齢、地域を聞き取り方式で代表	CAWIオムニバス	ターゲット	割り当て法	オンライン	4105万人（16～64歳人口）	ウクライナに対する意見に関してあり
ドイツ	クアルトリクス	2017/2018	1,535	性別、年齢、地域、教育をオンライン方式で代表	CAWI	RIM	割り当て法	オンライン	インターネットユーザー5500万人、18歳以上	フレームなし

〈続く〉

国	データ提供者	サンプル年	未修正のサンプルサイズ	代表性	調査方法	重み付け法	サンプル	パネルの募集方法	センサス/母集団	調査のフレーム
ドイツ	GfK	2015	1,012	性別、年齢、地域をオンライン方式で代表	CAWIオムニバス	RIM	割り当て法	オフラインおよびオンライン	インターネットユーザー5506万人、14歳以上	経済観に関してあり
ハンガリー	GfK	2015	1,001	性別、年齢、地域を聞き取り方式で代表	CAWIオムニバス	RIM	割り当て法	オフライン	インターネットユーザー735万人、15〜69歳	アドホック、それ以外のフレームなし
イタリア	GfK	2015	1,011	性別、年齢、地域をオンライン方式で代表	CAWIオムニバス	重み付けなし	割り当て法	オフラインおよびオンライン	インターネットユーザー3500万人、18〜64歳	フレームなし
日本	クアルトリクス	2016	1,005	性別、年齢、地域、教育をオンライン方式で代表	CAWI	ターゲット	割り当て法	オンライン	インターネットユーザー9900万人、18歳以上	フレームなし
ロシア	クアルトリクス	2016	918	性別、年齢、地域、教育をオンライン方式で代表	CAWI	ターゲット	割り当て法	オンライン	インターネットユーザー7000万人、18歳以上	フレームなし

〈続く〉

国	データ提供者	サンプル年	未修正のサンプルサイズ	代表性	調査方法	重み付け法	サンプル	パネルの募集方法	センサス/母集団	調査のフレーム
南アフリカ	クアルトリクス	2016	949	性別、年齢、地域、教育をオンライン方式で代表	CAWI	ターゲット	割り当て法	オンライン	インターネットユーザー4390万人、18歳以上	フレームなし
韓国	クアルトリクス	2017/2018	1,017	性別、年齢、地域、教育をオンライン方式で代表	CAWI	RIM	割り当て法	オンライン	インターネットユーザー4390万人、18歳以上	フレームなし
韓国	クアルトリクス	2016	932	性別、年齢、地域、教育をオンライン方式で代表	CAWI	ターゲット	割り当て法	オンライン	インターネットユーザー1100万人、18歳以上	フレームなし
イギリス	GfK	2015	2,033	性別、年齢、地域を聞き取り方式で代表	CAWIオムニバス	RIM	割り当て法	オンライン	インターネットユーザー5090万人、18歳以上	貯蓄と消費習慣に関してあり
アメリカ	クアルトリクス	2017/2018	1,012	性別、年齢、地域、教育をオンライン方式で代表	CAWI	RIM	割り当て法	オンライン	インターネットユーザー2億7240万人、18歳以上	フレームなし

表A6.4◉ナッジクラスター別の重み付きOLS回帰

	クラスター					
	(1)	(2)	(3)	(4)	(5)	(6)
	全体の賛成	政府のキャンペーン	情報提供ナッジ	デフォルトルール	サブリミナル広告	選択アーキテクチャー
男性（Male）	−0.0304*** (0.003)	−0.0133*** (0.004)	−0.0240*** (0.005)	−0.0266*** (0.004)	−0.0544*** (0.008)	−0.0653*** (0.006)
年齢（Age）	−0.0002 (0.000)	0.0008*** (0.000)	0.0004*** (0.000)	−0.0011*** (0.000)	−0.0013*** (0.000)	0.0009*** (0.000)
高学歴（Higher education）	−0.0108*** (0.004)	0.0065 (0.005)	−0.0022 (0.005)	−0.0192*** (0.005)	−0.0563*** (0.009)	−0.0015 (0.007)
ベルギー	−0.0720*** (0.012)	−0.0508*** (0.014)	−0.1186*** (0.016)	−0.0780*** (0.015)	−0.0090 (0.026)	−0.0479** (0.020)
ブラジル	0.0908*** (0.009)	0.0643*** (0.010)	0.0427*** (0.011)	0.1394*** (0.012)	0.1392*** (0.023)	0.0326* (0.017)
カナダ	−0.0218** (0.010)	−0.0137 (0.012)	−0.0205 (0.013)	0.0029 (0.013)	−0.0756*** (0.022)	−0.0829*** (0.017)
中国	0.1578*** (0.009)	0.0883*** (0.010)	0.0799*** (0.011)	0.2071*** (0.011)	0.3974*** (0.020)	0.1113*** (0.017)
日本	−0.1419*** (0.012)	−0.0841*** (0.016)	−0.1485*** (0.015)	−0.1158*** (0.016)	−0.0710** (0.029)	−0.3320*** (0.024)
ロシア	0.0118 (0.010)	0.0737*** (0.012)	0.0324** (0.017)	0.0228* (0.013)	−0.0406 (0.030)	−0.1186*** (0.022)
南アフリカ	0.0618***- (0.009)	0.0562*** (0.010)	0.0257** (0.011)	0.0837*** (0.012)	0.0708*** (0.024)	0.0538*** (0.018)
韓国	0.0403*** (0.010)	0.0343*** (0.011)	0.0567*** (0.011)	0.0570*** (0.012)	0.1989*** (0.021)	−0.1050*** (0.017)
デンマーク	−0.1829*** (0.009)	−0.1703*** (0.011)	−0.2395*** (0.012)	−0.1466*** (0.012)	−0.2597*** (0.021)	−0.1875*** (0.016)
フランス	−0.0385*** (0.009)	−0.0401*** (0.011)	−0.0162 (0.012)	−0.0644*** (0.012)	−0.1089*** (0.023)	0.0434*** (0.016)
ドイツ	−0.0709*** (0.009)	−0.0652*** (0.011)	−0.0712*** (0.012)	−0.0879*** (0.012)	−0.1042*** (0.022)	−0.0109 (0.016)
ハンガリー	−0.1488*** (0.011)	−0.1819*** (0.013)	−0.1685*** (0.014)	−0.1077*** (0.013)	−0.1470*** (0.023)	−0.1941*** (0.017)

〈続く〉

	クラスター					
	(1)	(2)	(3)	(4)	(5)	(6)
	全体の賛成	政府のキャンペーン	情報提供ナッジ	デフォルトルール	サブリミナル広告	選択アーキテクチャー
イタリア	0.0105 (0.010)	0.0015 (0.012)	−0.0246** (0.013)	0.0337*** (0.013)	0.0382 (0.023)	−0.0072 (0.017)
イギリス	−0.0217** (0.009)	−0.0350*** (0.010)	0.0101 (0.011)	−0.0398*** (0.011)	−0.0445** (0.021)	0.0165 (0.015)
アメリカ	−0.0847*** (0.012)	−0.0625*** (0.014)	−0.1090*** (0.016)	−0.0524*** (0.015)	−0.1494*** (0.026)	−0.1464*** (0.021)
2015/2016	0.0000 (.)	0.0000 (.)	0.0000 (.)	0.0000 (.)	0.0000 (.)	0.0000 (.)
2017/2018	−0.0142** (0.006)	−0.0250*** (0.008)	−0.0070 (0.008)	−0.0027 (0.008)	−0.042 (0.013)	−0.0479*** (0.011)
_cons	0.7333*** (0.009)	0.8129*** (0.010)	0.8429*** (0.012)	0.06870*** (0.011)	0.6287*** (0.021)	0.6402*** (0.016)
N	20,501	20,501	20,501	20,501	20,501	20,501
Adj. R2	0.148	0.087	0.089	0.116	0.089	0.088

注:「_cons」は回帰モデルの「constant」(定数[切片]項)を意味する。モデルの切片の値を示す。「Adj. R2」は「adjusted R^2」(自由度調整済み決定係数)を意味し、モデルがどの程度あてはまるかを測る尺度である。値が1に近いほどよくあてはまることを表す。

7

Educative Nudges and Noneducative Nudges

第7章｜教育的ナッジと非教育的ナッジ——主体性からナッジを見る

主体性の度合いは、ナッジへの評価を左右するのか？

法律と公共政策については、「教育的ナッジ」と「非教育的ナッジ」を区別することが役に立つ。教育的ナッジには、開示義務、リマインダー、警告が含まれ、人々が自分自身の行為主体性の力を高めることを特に目的としている。

非教育的ナッジには、デフォルトルールと順序効果の使用（メニューやカフェテリア方式の食堂など）が含まれる。選択の自由を確保するように設計されているが、個人の行為主体性が高まるとは限らない。

ここでの最大の疑問は、「教育的ナッジ」が選好されるかどうかである。この後で見ていくように、答えは複雑なものになる。最もシンプルな答えは「選好される」である。より正確で、やや複雑な答えはこうなる。「選好されるが、非教育的ナッジのほうが効果が高いと伝えられる場合は別である」。しかし、全体像はそれよりもずっと興味深い。

人間の脳の二つのシステム

行動科学の世界では、人間の脳には二つの認知システムがあるとする説が提唱されている。速く、自動的で、直感的な「システム1」と、ゆっくり動き、物事を計算して、慎重に判断しようとする「システム2」である。[1]

笑顔を認識するときや、3＋3を計算するとき、夜中にトイレに行こうとするときには、システム1が働く。自動車の運転のしかたを初めて学ぶときや、563×322を計算するとき、ほとんど見分けのつかない複数の選択肢の中から医療プランを一つ選ぶときには、システム2に頼らなければいけない。

システム1は物事を正しく判断できるし、たいていそうする。ダニエル・カーネマンとシェーン・フレデリックが書いているように、「システム1はシステム2より原始的だが、能力が劣るとは限らない」。[2] 人間は、速くて簡便な経験則を使うことで、物事を実にうまくこなす。プロのアスリートはみな、教育されたシステム1をもっている。テニスプレーヤーのセリーナ・ウィリアムズはどのショットを打てばいいいか、瞬時にわかる。何年も経験を積んだ弁護士や判事、医師、エンジニアは、十分に訓練されたシステム1をもっているし、訓練された直感は的中することが多い。

その一方で、システム2は間違った判断をしてしまうことがある。かけ算をするときや、保健医療プランを選択するときには、どんなに努力しても、しばしばミスをする。[3]

しかしながら、システム1は行動バイアスと明らかな関連があり、政策と法律においては幅広い問題を生み出す。人はときに「現在バイアス」にとらわれ、目先のことを重視して、将来のことを軽視してしまう。ほとんどの人は非現実的なまでに物事を楽観視しがちである。[4] 人は経験則を使うが、ふだんはうまく働く経験則でも、悪い方向に導くときもある。あるいは、人間の直感は大きく間違うかもしれず、深刻なミスをして人生が変わってしまうこともある。[5]

なるほどふだんは私たちの直感は正しいし、役に立つ。しかし、直感が大きく外れるときがあることに疑問の余地はなく、よいナッジ、そしてよい選択アーキテクチャーが必要不可欠な助けになる場面は多い。

政府機関が行う「教育的ナッジ」は、熟考が果たす役割を大きくして、よく考えて判断を下すようにすることで、システム2の働きを強化しようとする。真っ先に思い浮かぶ例が、関連する情報の開示である。「ブースト」[6]とも呼ばれるある種のナッジは、統計リテラシーを高めるなどして、自分で選択する能力を高めようとするものだ。

「非教育的ナッジ」は、システム1に訴えかける、あるいは活性化させるように設計されている。健康リスクの画像警告は、少なくとも教育の目的や効果があると理解されていなければ、非教育的ナッジの例と見ることができる。

システム2の発現は、システム1の発現と分けて考えたほうがいいかもしれない。前者は、事実情報を人々に与えて、それを処理するようにさせるだけのものであり、後者は、（不安や希望を植えつけるなどして）自動的なシステムで働くようにするものだ。一部のナッジは、厳密にいえばシステム1には訴えかけないが、システム1に作用することで機能する。惰性の力とデフォルトルールが大きな効果をもつときや、メニューに書く順序を変えることで注意力の働き方が変わり、人々の選択が影響を受けるときがその例である。[7] この種のナッジは、システム1の作用に「つけこんでいる」と見ることもできるが、システム1に影響を与えないで何らかの選択アーキテクチャーをつくることはできないということを認めて、システム1の作用を考慮に入れているという見方が中立的だろう。

このように考えると、システム2の働きを促すナッジは、人が行為主体性を行使しやすいように設計されているといえる。ならば、倫理などの観点に立てば、システム2のほうが優れているように見えるかもしれない。そのため、ジェレミー・ウォルドロンは次のように書いている。「しかし、私は物事をよく考えないし、直感もお粗末なものだが、それを上にいる人間に利用されるより（たとえそれが私自身のためになるとしても）、もっとよい選択ができるようになりたいものだ」。[8]

一般的な意味では、たしかにそうである。だが、原則の問題として見るなら、人々にもっとよい選択をさせることが困難で手間やコストが生じる場合、そして、システム1の働きを促すナッジがもたらす純便益が、システム2の働きを促すナッジがもたらす純便益をはるかに上回っているときには、そうとはいいきれなくなる。

自動加入などのシステム1のナッジが採用されれば、生活はぐっと単純になり、その利益は小さくない。また、システム2のナッジは行動ではなく考え方に影響を与えるときもあること、そして、人の実際の行動を変えるにはシステム1のナッジのほうが効果的な場合もあることを示すエビデンスもある。システム1のナッジとシステム2のナッジのどちらかを選択するときには、行為主体性、自由、厚生に関する、広く根本的な疑問と向き合うことになる。

アメリカにおける「主体性」の意味

この章では、主にアメリカの全国代表調査の結果を報告する。

この調査は、さまざまな文脈においてシステム1のナッジとシステム2のナッジとの間の選好を引き出すように設計された。ここでは研究の対象はアメリカ人に限定されていることを強調しておく。[9]調査はサーベイ・サンプリング・インターナショナルが管理し、2800人以上が調査に参加して、参加者には報酬が支払われた。

ざっと説明すると、それぞれ400人以上で構成される七つのグループに、二つ一組のペアになったナッジについて、選好を登録してもらった。

一連のペアのうち四つは、ナッジが政策ツールとしてよく使われている分野に関するものだった。貯蓄、喫煙、クリーンエネルギー、節水である。[10]多くの点で、こうしたペアはさまざまな領域で認められるジレンマを例証する標準的なケースと見ることができるし、実際に例証している。

他の三つは、きわめて特色の強い問題や懸念を引き起こす分野にかかわるもので、有権者登録、子どもの肥満、中絶について扱った。

最初の四つの問題に関する発見は次のとおりである。

第一に、中立条件（参加者は効果に関する情報を得ずに回答する場合）では、過半数がシステム2のナッジを選好する。注目すべき点として、アメリカ人はここでも意見が分かれており、26～45％がシステム1のナッジを選好している。中立条件では、四つの問題のうち二つについては、民主党支持層、共和党支持層、無党派層の間に有意な差はない。そして、残りの二つは有意な差が生まれており、民主党支持層はシステム1のナッジを選好する割合が高かったが、差はどちらかといえば小さい。

第二に、システム1のナッジのほうが「効果が有意に高い」と想定してもらうと、回答者の多くがシステム1のナッジを選好する方向にシフトするが、変化の規模は相対的に小さく、たいてい約12％ポイントほどである。

第三に、特定の数字を想定してもらい、システム1のナッジのほうが効果が有意に高いという定量的証明が与えられるときも、その方向へのシフトの大きさはほぼ同じである。

そして最後に、システム2のナッジのほうが「効果が有意に高い」と想定してもらっても、その方向へのシフトは起こらない。これは特に意外な結果であり、この後で原因を分析していく。

こうした発見について、最初に思い浮かぶ解釈は次のようなものである。重要な文脈では、大半の人が自分たちの行為主体性を守り促進したいと思うので、システム2のナッジを選好する。しかし、効果も気にするため、システム1のナッジのほうが有意に優れていることを示す証拠があれば、システム1のナッジに目を向ける。

と同時に、アメリカ人の間には有意な異質性がある。大勢の人がシステム1のナッジを選好しているが、これはシステム1のナッジのほうが効果的であるからであり、生活がよりシンプルに、より楽になるからだろう。また、システム1のナッジとシステム2のナッジとの間で一般的な選好がないように見える人もいる。そうした人は効果だけを気にしているものと思われる。

これに対し、システム2のナッジを強く選好する人もいる。こうした人たちは、システム1のナッジのほうが効果が優れているとする説得力のある証拠を示さなければ、システム1のナッジを支持しないだろう。たとえシステム1のナッジのほうが明らかに効果があると想定してもらっても、有意な数のアメリカ人がシステム1のナッジを選好する傾向を示さない。そのため、アメリカ人の一部がシステム1のナッジを支持するようになるには、とても強力な証拠が必要になるといっていいだろうが、これなら十分だというエビデンスはおそらくないのではないか。

有権者登録、子どもの肥満、中絶については、回答の傾向が明らかに異なった（表7・9、7・10、7・11）。有権者登録と子どもの肥満では、過半数がシステム2のナッジを支持していない。これに対し、中絶は明らかな過半数がシステム2のナッジを支持している。

子どもの肥満については、カフェテリア方式の食堂の設計が保護者教育よりも選好されている。システム1のナッジのほうが効果が有意に高いと想定してもらっても、支持の水準は上がらないが、その情報が与えられないとしても、支持の水準は高い。システム1のナッジが選好されているのは、選挙権が保護される（だから自動登録に賛成する）、子どもが保護される（だから食堂の設計に賛成する）と人々が判断しているからだとすると、最もよく説明できる。

中絶数を減らすことについては、過半数がシステム2のナッジを一貫して支持している。システム1のナッジのほうが効果が高いと想定してもらっても、選好はシフトしない。これは、政府がシステム1のナッジに訴えかけて、女性が自分自身で選択しないようにすることは適切ではないと多くの人が考えているからに違いない。注目すべき点として、中絶の設定では、共和党支持層、民主党支持層、無党派層のすべてがシステム2のナッジを支持しているが、大半の条件では、システム1のナッジの支持の水準は民主党支持層の間で有意に低い。

有権者登録ではシステム1のナッジが過半数の支持を得て、中絶ではシステム2のナッジが過半数の支持を得ていることからもわかるように、権利が脅かされているかどうか、そして、ナッジが権利を促進しているか損なっているかどうかを人々がどう判断するかが重要になる。

こうした発見は、これまでの調査で得られたさまざまな結論を支持している。法律と公共政策の重要な領域で、過半数がシステム1のナッジよりもシステム2のナッジを選好するが、意見が真っ二つに割れる可能性が高い。

システム1のナッジのほうが効果が高いことが示されると、システム1のナッジを選好する方向にシフトするが、その動きは予想されたほど劇的なものではない。これは個人の行為主体性を非常に重要視する人がいるからだろう。

子どもがかかわる質問では、システム1のナッジのほうが歓迎される。システム1のナッジを採用すると、権利とみなされるものを享受しやすくなる場合もそうである。

一方、人々が権利とみなすものを損なっている場合には、どのような種類のナッジだろうとすべて拒否され、システム2のナッジが選好される。これはシステム2のナッジのほうが個人の主体性を尊重するものであるからだ。

これは重要なポイントだが、この調査結果は、人々の規範意識をより長期的に分析した調査結果と一致した。その概要は以下の通りだ。

今回の調査結果も長期的分析結果も、法律や政策の幅広い問題と関連している。これらの結果はどちらも、統計情報の開示やある種の教育などにおいてはシステム2のナッジが選好されることを示唆しているが、別のさまざまな文脈ではデフォルトルールなどのシステム1のナッジのほうが望ましいことも示唆している。

また、システム1はシステム2のナッジを支持する傾向があるかもしれず、システム2もシステム2のナッジを支持することが多い。しかし、数多くの権利や利益については、システム2は最終的にシステム1のナッジが最も優れていると判断するのである。

「貯蓄、喫煙、環境」についての結果のまとめ

最初の四つの質問では、法律と政策のなじみのある分野を対象に、なじみのある介入の間で選択してもらった。[11] 四つのペアは以下のとおりである。

反喫煙キャンペーンの一環として実行するとしたら、1と2のどちらの政策を選びますか。

1　ガン患者の生々しい写真を使った画像警告を表示する。

2　純粋な事実情報を提供し、喫煙のリスクに関する統計情報を伝える。

老後のための貯蓄を促すキャンペーンの一環として実行するとしたら、1と2のどちらの政策を選びますか。

1　従業員を貯蓄プランに自動加入させる（加入したくない場合は、その意思を表示すれば拒否できる「オプトアウト」方式）。

2　職場で金融リテラシープログラムを実施して、従業員に老後の選択肢について教育する。

汚染を減らすプログラムの一環として実行するとしたら、1と2のどちらの政策を選びますか。

1　少し割高な「グリーン（環境にやさしい）」エネルギーに自動的に加入する（契約者が少し割安な別のエネルギー源を使いたい場合は、その意思を表示すれば自動加入を拒否できる「オプトアウト」方式）。

2　教育キャンペーンを展開して、契約者がグリーン（環境にやさしい）エネルギーの利点を理解できるようにする。

節水を促す方法としてとりいれるとしたら、1と2のどちらの政策を選びますか。

1　タオルかけにかけたタオルは洗わない「環境にやさしい部屋」をデフォルトの方針にすることを政府がホテルに義務づける。タオルを洗ってほしい場合は、フロントデスクに申し出ると、タオルが毎日交換される。

2　タオルかけにかけたタオルは洗わない「環境にやさしい」方針に関する情報を宿泊客に伝えることを政府がホテルに義務づける。宿泊客はこの方針に参加することを選ぶように推奨されるが、参加しないことを選ぶのであれば、タオルは毎日交換される。

表7.1◉システム1のナッジとシステム2のナッジへの支持

質問	回答者(N=430)に占める割合	
	システム1のナッジを選好	システム2のナッジを選好
喫煙	45%	55%
貯蓄	43%	57%
エネルギー	26%	74%
節水	32%	68%

「中立条件」(条件1)での調査結果

効果に関する情報が与えられなかった中立条件では、過半数がシステム2のナッジを明らかに選好する傾向が一貫して見られた。集計データは表7・1に示している。

特筆すべき点として、システム2のナッジの選好は、グリーンエネルギーと節水の場合がより強い。

グリーンエネルギーについては、割高になるか信頼性が低いと後からわかるかもしれないエネルギー源を使うことをデフォルトに設定するよりも、人々が学習して自分で選択するほうがいいと考えられているようだ。オプトアウトの手続きをとらなければ、明確に同意することなく電気代が高くなってしまうので、調査の参加者はそれを心配していたのだろう。

節水の場合はお金はかかわらないが、ここでもシステム2のナッジを支持する人のほうが多かった。これは、宿泊客の利益にならないかもしれない状況（洗濯されず、汚れているに違いないタオルを使うことになる）をデフォルトにすることが懸念されたからだろう。

また、システム2のナッジの支持の高さは一貫しているが、四つの文脈すべてで、それなりの数の人がシステム1のナッジを支持していることも特筆すべきだろう。質問されている問題について何の情報も与えられないかぎり、システム1のナッジのほうが効果が高いと考えられていることが理由の一つかもしれない。

タバコのパッケージに画像警告を表示することは45％が支持しており、これは、ナッジの目標が深刻な公衆衛生問題に対処することであれば、画像警告のほうが純粋な事実情報よりも優れていると判断されたのだろう。また、一部のシステム1のナッジは選択者が意思決定する負担を減らすように見えたのではないかとも考えられる。貯蓄、エネルギー、節水のためのデフォルトルールがそうである。システム1のナッジが採用されると物事がより簡単になり、行動することが求められないのだとしたら、そのほうが好ましいように見えるのかもしれない。

「システム1のナッジのほうが効果が有意に高い」と伝えた場合（条件2）の調査結果

中立条件では、人々の選好にはいくつも理由があると考えられた。何がこうした選好の動機にな

表7.2◉「システム1のナッジのほうが効果が有意に高い」ときの選好

質問	システム1のナッジを選好する回答者の割合	
	中立条件 (N=430)	「システム1のナッジのほうが効果が有意に高い」と伝えられるとき(N=407)
喫煙	45%	57%
貯蓄	43%	55%
エネルギー	26%	38%
節水	32%	42%

ったのかについて、何らかの理解を得ようと、さまざまな人のグループに「システム1のナッジのほうが効果が有意に高い」と想定してもらった。

そして、「効果が有意に高い」と想定してもらうと、システム1のナッジを選好する方向に大きなシフトが起きるという仮説を立てた。この仮説は裏付けられたが、限定的な条件がついた(表7・2参照)。

ここで注目すべき結果が二つある。

第一に、システム1のナッジの方向へのシフトは、四つの問題すべてについて有意である(各質問についてカイ2乗分析〔観察値の分布が理論値の分布に従うかどうかを検定する手法〕を使用、両側検定、有意水準0・05)。しかし、非常に大きなものではない。

第二に、シフトの程度は四つの質問すべてでほぼ同じである。実際、変化の度合いは驚くほど一致しており、質問項目による有意な差はない。システム1のナッジのほうが効果が高いという情報を与えられると、おおむね10~12%ポイントの動きが見られる。

ここで鉄則のようなものを語れるだけの十分なデータはないが、多くのアメリカ人がシステム2のナッジのほうが効果が高いと考えている、あるいは、システム2のナッジのほうが人々の行為主体性を尊重するよい方法であると信じているといっても、推測がすぎるということはない。そのため、システム1のナッジの比較有効性に関する情報が与えられると、選好はシフトする。

また、多くの人（たいてい40％以上）が、システム2のナッジのほうが優れていると、直感的だろうがそうでなかろうが、強く信じている。「システム1のナッジのほうが効果が有意に高い」という文言を加えても、それは変わらない。

「システム1のナッジのほうが効果が高い」ことを定量的に伝えた場合（条件3）の調査結果

「効果が有意に高い」という言葉は、とてもあいまいである。それが何を意味するのかは明らかではない。どれくらい効果が高いかが定量的に規定されると、インパクトが強くなったり弱くなったりするかもしれない。

一例として、自動加入を導入すると貯蓄プランへの加入率が40％から90％に上がる、あるいは、画像警告を表示すると年間20万人の命が救われるが、システム2のナッジを採用してもほとんど何のインパクトも与えないとしよう。こうした想定の下では、システム1のナッジのほうがよいという考えを打ち消すのは容易ではないだろう。そうした考えを打ち消すには、結果に懸念をもつか（命が救われるのはいいことだが、貯蓄プランへの加入が増えるのはそうでもない）、個人の行為主体性という特定の概念を何よりも重視していなければならない。

定量的な情報がどのような効果をもたらすかを理解するために、参加者にはシステム1のナッジに有利な数値を想定してもらった。先にあげた例ほどあからさまではないが、偏っていることに変わりはない。

・**喫煙**「〔システム1のナッジ〕のほうがはるかに効果が高いとします。〔システム1のナッジ〕では喫煙は20％減少し、〔システム2のナッジ〕では喫煙が5％減少します」
・**貯蓄**「〔システム1のナッジ〕のほうがはるかに効果が高いとします。〔システム1のナッジ〕では労働者の90％が貯蓄プランに加入するようになり、〔システム2のナッジ〕では55％しか貯蓄プランに加入しません」
・**エネルギー**「〔システム1のナッジ〕のほうがはるかに効果が高いとします。〔システム1のナッジ〕では汚染が40％減少しますが、〔システム2のナッジ〕では汚染は5％だけ減少します」
・**節水**「〔システム1のナッジ〕のほうがはるかに効果が高いとします。平均すると、〔システム1のナッジ〕ではタオルの洗濯に使う水の量は70％節約されて、〔システム2のナッジ〕ではタオ

表7.3◉定量的情報が与えられるときのシステム1のナッジの選好

質問	システム1のナッジを選好する回答者の割合		
	中立条件（N=430）	「システム1のナッジのほうが効果が有意に高い」と伝えられるとき（N=407）	システム1のナッジのほうが効果が高いことを数値化して伝えられるとき（N=435）
喫煙	45%	57%	58%
貯蓄	43%	55%	56%
エネルギー	26%	38%	43%
節水	32%	42%	47%

ルの洗濯に使う水の量は10％節約されます」

結果は表7・3に示している。

定量的情報の効果は、「効果が有意に高い」という文言の効果ほど大きくはなかったといえるだろう。きわめて意外なことに、定量的情報が与えられても、統計的に有意な変化はまったく生まれていない。

一つには、数値の違いがそれほど極端ではなかったからだろう。純粋に定性的な説明（「効果が有意に高い」）から示唆される差としてはもっともらしいものだった。そうだとしたら、数値は追加の情報とはならなかった。

もう一つの理由として、システム2のナッジを選好した人が、システム1のナッジよりも効果が低いという定性的な情報を突きつけられてもそうしたのは、個人の行為主体性とみなしたものを強く選好していて、かなり強い印象を与える数値を示しても選好を変えることができなかったからだと考えられる。

「システム2のナッジのほうが効果が有意に高い」と伝えた場合（条件4）の調査結果

「システム2のナッジのほうが効果が有意に高い」と仮定すると、非常に多数の人がシステム2のナッジを支持するだろうと思われる。ナッジによって人々の能力が高まると同時に、望ましい結果も生まれるのであれば、形はどうあれ、人々を教育しない、効果の低い介入よりもはるかに好ましいように見えるだろう。

ただし、それには大きな制限条件がつく。あるナッジが人々の好まない結果を生み出すのに効果的であるとしたら、いうまでもなく、そのナッジはまさにその理由から拒否される（違法なドラッグを使うようにさせたり、自動車を運転中にテキストメッセージを送るように促したりするのに効果的なナッジは、大半の人が快く思わないだろう）。この点については後でもう一度取り上げる。結果は表7・4に示している。

何よりも驚くのは、システム2のナッジのほうが効果があると想定しても、システム2のナッジを選好する方向にシフトが起こらないことだ。数字はほぼ同じである。この結果はまったく予想していなかった。どんな説明をしようと推定の域を出ないが、システム2のナッジを支持した人はすでにシステム2のナッジのほうが効果があると想定していたため、「効果が有意に高い」という文

表7.4◉「システム2のナッジのほうが効果が有意に高い」ときのシステム1のナッジの選好

質問	システム1のナッジを選好する回答者の割合	
	中立条件	「システム2のナッジのほうが効果が有意に高い」と伝えられるとき
喫煙	45%	43%
貯蓄	43%	44%
エネルギー	26%	26%
節水	32%	29%

言を足しても、新しい情報が付け加えられなかった可能性がある。

また、次のような可能性もある。システム1のナッジには独自の長所があるか、システム2のナッジには独自の短所があると考えられていたのかもしれない。システム1を支持する人は、システム2を支持する人よりも選好が強くて、有効性を示されても説得されにくいのかもしれない。貯蓄プランへの自動加入が金融リテラシープログラムよりも望ましいのは、金融リテラシープログラムのようなコストも負担もないというだけの理由かもしれない。グリーンエネルギーへの自動加入もそうである。大半の人はすでにシステム2のナッジを選好しているので、選好を変更させられる人がそのぶん少ないということもたしかだ。

そうであるなら、「システム2のナッジのほうが効果が高い」という想定の効果がないのは、定量的情報の効果がないことと似ている。たとえシステム1のナッジのほうが効果が低いとわかっていても、システム1のナッジを選好する人がいる。そうした人は何らかの考えに則って便益費用分析のようなことをしているのかもしれない。この点については、後でもう一度取り上げる。

政治的な意見の違いは選択にどのような影響を与えるか

支持政党によって、システム1のナッジやシステム2のナッジの選好が説明されるのだろうか。結果は表7・5、7・6、7・7、7・8にすべて示している。

数字がたくさん並んでいるが、基本的なストーリーは単純明快である。共和党支持層、民主党支持層、無党派層のすべてがシステム2のナッジを支持しているものの、一つだけ制限条件がつく。民主党支持層は反喫煙ナッジについては意見が真っ二つに分かれている。システム1のナッジのほうが効果が高いことを示す情報が与えられると、定性的な情報の場合も、システム1のナッジの賛成率は約10〜20%上がり、観察された変化の度合いは、三つのグループのすべてでほぼ同じである。

三つのグループのすべてで、システム2のナッジのほうが効果が有意に高いと想定したときの結果は、中立条件のときの結果とよく似ている。ここで最も注目すべきなのは、条件1から条件4にかけて、支持政党による差の中に統計的に有意なものは一つもないことだろう。

ここでの最大かつ最も重要な発見は、ほとんどの条件で、民主党支持層、共和党支持層、無党派層の間の差が有意ではないことだ。システム1のナッジとシステム2のナッジのときと同様に、三

表7.5◉支持政党別のシステム1のナッジとシステム2のナッジへの支持

条件1	回答者の割合[12]					
質問	システム1のナッジを選好			システム2のナッジを選好		
	民主党	共和党	無党派	民主党	共和党	無党派
喫煙	50%	44%	40%	50%	56%	60%
貯蓄	42%	48%	39%	58%	52%	61%
エネルギー	34%	24%	19%	66%	76%	81%
節水	42%	27%	26%	58%	73%	74%

表7.6◉「システム1のナッジのほうが効果が有意に高い」ときの支持政党別の選好

条件2	回答者の割合[13]					
質問	システム1のナッジを選好			システム2のナッジを選好		
	民主党	共和党	無党派	民主党	共和党	無党派
喫煙	62%	57%	52%	38%	43%	48%
貯蓄	60%	55%	49%	40%	45%	51%
エネルギー	48%	31%	34%	52%	69%	66%
節水	51%	36%	38%	49%	64%	62%

つのグループの判断はおおむね一致している。しかし一部の条件では、民主党支持層は、共和党支持層と無党派層よりもシステム1のナッジを選好する傾向がある。

たとえば、すべての条件で、民主党支持層は共和党支持層や無党派層よりも節水のシステム1のナッジに好意的だ。差は統計的に有意である（有意水準0・05）。

条件2では、民主党支持層は共和党支持層や無党派層よりもエネルギーのシステム1のナッジに好意的である。条件4では、民主党支持層は共和党支持層よりも反喫煙のシステム1のナッジに好意的だ。

表7.7◉定量的情報が与えられるときの支持政党別の選好

条件3	回答者の割合[14]					
質問	システム1のナッジを選好			システム2のナッジを選好		
	民主党	共和党	無党派	民主党	共和党	無党派
喫煙	61%	56%	56%	39%	44%	44%
貯蓄	58%	51%	57%	42%	49%	43%
エネルギー	47%	38%	42%	53%	62%	58%
節水	52%	41%	48%	48%	59%	52%

表7.8◉「システム2のナッジのほうが効果が有意に高い」ときの支持政党別の選好

条件4	回答者の割合[15]					
質問	システム1のナッジを選好			システム2のナッジを選好		
	民主党	共和党	無党派	民主党	共和党	無党派
喫煙	53%	35%	39%	47%	65%	61%
貯蓄	47%	37%	47%	53%	63%	53%
エネルギー	28%	24%	25%	72%	76%	75%
節水	41%	20%	23%	59%	80%	77%

　こうした差については、説得力のある説明をいくつか提示できる。民主党支持層のほうがグリーンエネルギーと節水を強く支持しており、きっと反喫煙の取り組みもそうだろう。民主党支持層にとって、システム1のナッジのほうが効果が高いと考えられるのであれば、システム1のナッジのほうが魅力的に見えるのかもしれない。共和党支持層は、個人の行為主体性を確保するために、特にグリーンエネルギーや節水については システム2のナッジを支持する傾向が他のグループよりも強い。ただし、条件による変化では三つのグループに有意な差はない。

「有権者登録、子どもの肥満、中絶」についての結果のまとめ

いうまでもないが、システム1のナッジとシステム2のナッジの範囲は、とてつもなく広い。たとえば、権利を享受しやすくして、権利を促進するナッジがある。有権者登録を簡素化することがその例だ。

また、子どもにかかわるナッジもある。教師は小学校の生徒に命令をするが、さまざまな形で生徒をナッジし、宿題をさせるようにしたり、礼儀正しくふるまうようにしたり、授業を混乱させたりしないようにもする。

さらに、権利を行使させないようにするナッジもある。そう聞くと、ある種の宗教的習慣から遠ざけるようにする取り組みや、性的プライバシーへの権利を行使させないようにする取り組みがすぐに思い浮かぶ。節制を説くナッジがその例である。

このような典型的なナッジの例証として、有権者登録、子どもの肥満、中絶に関する人々の判断をテストした。三つのペアは次のようなものだった。

有権者登録を増やすプログラムの一環として実行するとしたら、1と2のどちらの政策を選びますか。

1　運転免許証を受け取るために自分がその州に居住していることを証明するときに、有権者として自動的に登録されるようにする。

2　人々に有権者登録をするように説く啓発キャンペーンを行う。

子どもの肥満と闘うプログラムの一環として実行するとしたら、1と2のどちらの政策を選びますか。

1　カフェテリア方式の学校食堂の設計を見直して、いちばん目につくところに低カロリーの料理が置かれるようにする。

2　保護者に対して、子どもの肥満にはどのような問題があるか、それとどのように闘うかを教育する。

中絶を減らす手段として実行するとしたら、1と2のどちらの政策を選びますか（どちらもいいとは思えなくても、どちらか一つを選んでください）。

1　妊娠中の女性に対して、中絶をする前に胎児の生々しい写真を見せることを義務づけて、胎児はとても小さい子どもにすぎないことを示す。

表7.9◉有権者登録

有権者登録	回答者の割合	
条件	システム1のナッジを選好	システム2のナッジを選好
1	57%	43%
2	62%	38%
3	61%	39%
4	52%	48%

2　妊娠中の女性に対して、中絶をする前に医者と少し話す時間をとることを義務づけて、道徳的な観点から、中絶が本当に正しい選択なのか、よく考えさせるようにする。

結果の概要

大半のアメリカ人は、人々に有権者登録に行くように促す取り組みよりも、自動有権者登録を選好している。中立条件以外の三つの条件については、想定の変化は統計的に有意ではない（条件1は中立、条件2はシステム1のナッジのほうが効果が有意に高いと想定、条件3はシステム1のナッジの効果の優越性を示す定量的な証拠を提示、条件4はシステム2のナッジのほうが効果が有意に高いと想定）（表7・9参照）。

ここでは注目すべき発見が二つある。一つは、過半数がシステム1のナッジを選好していることだ。これは、有権者になることを「デフォルト」とするべきだという判断や直感があるからだろう。その地位を得るために手順を踏むようにするべきではない、ということだ。

表7.10◉子どもの肥満

子どもの肥満	回答者の割合	
条件	システム1のナッジを選好	システム2のナッジを選好
1	53%	47%
2	53%	47%
3	63%	37%
4	48%	52%

もう一つは、自動有権者登録では、三つの条件にわたって変動がない。前に論じた禁煙、貯蓄、エネルギー、節水に関する四つのナッジでは変動が見られるときもある。特に、こうした四つの標準的なナッジは、条件1から条件2、条件3にかけて変動が観察されている。そのような変化はここでは見られない。

子どもの肥満については、表7・10に示すように、わずかに半数を上回る人が食堂の設計を保護者への教育よりも選好している。ただし、保護者への教育のほうが効果が有意に高いと想定してもらったとき（条件4）は例外である。

「情報を与えられる」三つの条件では、統計的に有意な変化が生じたのは一つだけである。定量的な情報を与えられると、食堂の設計に対する支持が増えている（条件3）。全体として、より標準的な四つのナッジのときに観察されたものと同じような変化は認められない。

中絶では、システム2のナッジを十分な過半数が選好している（ただし、このきわめてセンシティブな問題では、両方のナッジを拒否する回答者もいるか

表7.11◉中絶

中絶	回答者の割合	
条件	システム1のナッジを選好	システム2のナッジを選好
1	25%	75%
2	34%	66%
3	33%	67%
4	29%	71%

もしれないと考えて、たとえどちらもいいとは思えなくても、どちらか一つを選ぶように特に求めている）。

システム2のナッジの選好は、四つの条件にわたって有意な変化はない（表7・11参照）。

支持政党による意見の違い

政治的な意見の違いは、どのような役割を果たすのだろう。反喫煙、貯蓄、エネルギー、節水という四つの標準的なケースよりも役割は大きいだろうと思われるし、実際にいくつかの点で大きいが、全体像はそこまで単純明快ではない。結果は表7・12、7・13、7・14に示している。差異が最も一貫して認められるのが中絶の分野であり、共和党支持層のほうがシステム1のナッジを支持する人の割合が高い傾向がある。四つの条件のうち三つで、民主党支持層と共和党支持層との間の差は統計的に有意である[16]（条件4は例外）。

有権者登録、子どもの肥満とも、条件1と条件3では、民主党支持層

表7.12◉支持政党別の有権者登録

有権者登録―支持政党別	回答者の割合					
条件	システム1のナッジを選好			システム2のナッジを選好		
	民主党	共和党	無党派	民主党	共和党	無党派
1	65%	53%	52%	35%	47%	43%
2	63%	53%	57%	37%	47%	43%
3	71%	54%	58%	29%	46%	42%
4	55%	53%	48%	45%	47%	52%

表7.13◉支持政党別の子どもの肥満

子どもの肥満―支持政党別	回答者の割合					
条件	システム1のナッジを選好			システム2のナッジを選好		
	民主党	共和党	無党派	民主党	共和党	無党派
1	61%	45%	51%	39%	54%	49%
2	59%	48%	52%	41%	52%	48%
3	70%	52%	67%	30%	48%	33%
4	51%	43%	49%	49%	57%	51%

表7.14◉支持政党別の中絶

中絶―支持政党別	回答者の割合					
条件	システム1のナッジを選好			システム2のナッジを選好		
	民主党	共和党	無党派	民主党	共和党	無党派
1	20%	32%	23%	80%	68%	77%
2	30%	42%	29%	70%	58%	71%
3	25%	43%	31%	75%	57%	69%
4	24%	34%	30%	76%	66%	70%

と共和党支持層との間の差は有意である。民主党支持層と無党派層では、有権者登録の条件1と条件3で有意な差がある。

共和党支持層と無党派層では、中絶に関して条件2と条件3で有意な差がある。

共和党支持層と無党派層では、子どもの肥満に関して条件3で有意な差がある。興味深いことに、条件4では有意差がまったくない。

ここでも、木を見て森を見ないようなことになってはいけない。四つの標準的なケース（喫煙、貯蓄、エネルギー、節水）では、人々がシステム1のナッジとシステム2のナッジのどちらを選択するかは、支持政党では説明できなかった（ただし、興味深い例外はあり、グリーンエネルギーが特にそうである）。

中絶、有権者登録、子どもの肥満では、支持政党がより重要だった。もちろん、民主党支持層のほうが共和党支持層よりも中絶に反対するナッジを支持していなかったり、共和党支持層のほうが民主党支持層よりも自動有権者登録や子どもの肥満と闘う取り組みに冷ややかであったりするのは驚くことではないだろう（第2章参照）。ここでのポイントは、政治的に意見が分かれる問題では、システム1のナッジとシステム2のナッジの間の選択に支持政党による違いがあるということだ。これは明らかに、特定の目的が強く支持されていると、その目的を達成するためのシステム1のナッジが支持される傾向が強くなることを示すケースである。

被験者内調査での回答の変化に着目する

これまでに述べた発見は、「被験者間」調査にかかわるものだった。これは異なる参加者のグループがそれぞれ異なる条件を目にするもので、同じグループがすべての条件を一度にテストするわけではない。この設計には統計的に有意な利点がある。前の回答の影響による回答の変化が起きないことだ。質問を単独で目にすれば、順序効果の影響を受けたり、前の質問と明らかな違いがある場合にだけ浮き彫りになる特定の要因の影響を受けたりすることはありえない。

しかし、「被験者内」調査の利点もある。参加者が同一の調査で質問のすべてを目にして、それに回答することだ。最大の利点は、被験者内調査では、比較有効性に関する情報を与えられた後で、当初の回答が変化するかどうかをテストできることである。この疑問をテストすることは重要である。システム1のナッジかシステム2のナッジを強く選好している人がいるかどうか、有効性に関する情報を突きつけられても支持し続けるかどうかが明らかになるからだ。

その問題を探るため、amazonのメカニカルタークを使って、約400人に24の質問をした。対象としたのは、先にテストしたすべての分野である（中絶を除く）[17]。

ただし、これは無作為標本ではなく、したがってこのグループと全国代表性のあるグループとの間の差の原因について結論を引き出すのは危険だろう。その点に注意を促したうえで、結果を表7・

表7.15◉被験者内調査の結果

	システム1のナッジを選好する回答者の割合			
質問	中立条件（条件1）	「システム1のナッジのほうが効果が有意に高い」と伝えられるとき（条件2）	「システム1のナッジのほうが効果が有意に高い」ことを数値化して伝えられるとき（条件3）	「システム2のナッジのほうが効果が有意に高い」と伝えられるとき（条件4）
喫煙	41%	57%	67%	30%
貯蓄	45%	58%	72%	28%
エネルギー	36%	50%	69%	19%
節水	42%	55%	67%	21%
肥満	61%	71%	78%	29%
有権者登録	60%	66%	76%	34%

15に示す。

比較的明らかなことがいくつかある。全体として、中立条件での回答は、全国代表サンプルで見られたものにかなり近い。また、予想されたとおり、条件による変化はやや大きい。特に、四つのより標準的な質問では、条件1から条件3までに少なくとも25％の変化が観察される。そしてすべての質問で、条件1から条件4までに少なくとも11％、ときに20％以上の変化が認められる。条件の違いによる意見の変化は、この調査のほうが大きかった。

これには二つの重要な制限条件がつく。

第一に、被験者内調査では、システム1のナッジのほうが効果が高いことを裏付ける数字が与えられても、母集団の少なくとも3分の1がシステム2のナッジを支持し続けた。第二に、被験者内調査では、システム2のナッジのほうが効果が有意に高いという情報を与えられても、システム1のナッジを支持し続ける人の割合が高かった（通常は

4分の1前後)。

全国代表サンプルを用いてはいないものの、この被験者内調査からは有用な情報が得られている。システム1のナッジにシフトする人の数は被験者内調査のほうが多いと思われること、そして、被験者内調査では、システム2のナッジのほうが効果が高いとする証拠が示されると、システム2のナッジの訴求力が高まるようであることだ。同時に、この調査の結果は、たとえシステム2のナッジのほうが効果が有意に低くても、一定の割合の人がシステム2のナッジを支持するのは、個人の主体性という特定の概念を重視していることが主な理由であるとする結論を裏付けるものである。

人々を動かすための「世論、法律、公共政策」の扱い方

これまでに強調してきたように、どのような種類の政策が大衆に支持されたり反対されたりするかについて、調査結果から実に多くのことがわかる。システム1のナッジとシステム2のナッジのどちらかを選んでもらうのではなく、あるナッジを認めるかどうかだけ答えてもらうときは、両方とも支持される傾向があることがわかっている。喫煙とわき見運転に関する画像警告、貯蓄プランとグリーンエネルギーへの自動加入もそうである。

また、アメリカ人は、正当な目的ではないとみなすもの（宗教的な偏向など）を反映するナッジや、大半の選択者の価値観や利益と一致しないナッジ（特定の慈善団体への自動寄付など）を拒否することもわかっている。少なくとも極端なケースでは、操作に対して懸念がもたれている。喫煙をなくそうとするサブリミナル広告や、ドライバーに減速させるために目の錯覚を利用するケースがその例である。

そして、一連の調査の結果は、より長期的に分析した調査結果と一致するときもあれば、一致しないときもあることも強調してきた。実際問題として、調査の質問に答えるときに人々がどのよう

に考えているかは、完全にはわからない。

ここで、「システム1はシステム2のナッジを選好する」という、推測による仮説を考えてみよう。この仮説の下では、自動的なシステムであるシステム1はシステム2のナッジを支持し、そして、その種の偏向を克服するには、熟考型のシステム2が必要になる。ここでのデータはこの仮説を支持するには十分ではない。システム1のナッジが選好されるのは、自動的な結果ではなく、熟考した結果かもしれない。しかし、この仮説を完全に排除することはできない。

もう一つの仮説を考えてみよう。「システム2はシステム1のナッジを支持する」である。ここでのデータはその仮説を裏付けるにも十分ではないが、さまざまな状況を慎重に分析すれば、システム1のナッジのほうがしばしば、あるいはたいていうまく働くことを示唆する結果が出るものと考えられる。

規制当局は政策の実行手段をいくつか選択できることを踏まえた場合に、どのように政策ツールを選択するべきなのだろうか。

もちろん、どのようなナッジよりも命令のほうがうまくいく可能性はある。命令のほうが効果が高いだろうし、純便益も大きいはずである。また、何もしないのがいちばんいいということもありえる。新しい介入をしようとすれば、費用が便益を上回ることもあるからだ。あるいは、経済的なインセンティブを与えることがベストなアプローチかもしれない。

しかし、数多くの文脈で、政策立案者はシステム1のナッジかシステム2のナッジのどちらかを選ばなければいけない。貯蓄を促すのであれば、教育キャンペーンを行うか、自動加入を選ぶ。公的なプログラムへのアクセスを増やすのであれば、教育をするか、新しくデフォルトルールを設定する。喫煙やわき見運転を減らすのであれば、画像警告をするか、ある種の統計を表示する。それをどう選択するべきなのか。

その疑問を整理するには、答えの根拠を明確にすることが役に立つだろう。いま、私たちは「厚生主義者」――つまり、どの問題も、介入が社会的厚生に与える効果をもとに評価しなければいけないと考えているとしよう。[18]

その場合には、次のような問いを立てるといい。システム1のナッジやシステム2のナッジは何が費用で、何が便益であるか。どちらのほうが純便益が大きいか。

こうした問いでは、有効性に関する情報が関係してくるが、それで十分だとはとてもいえない。費用に関する情報も必要になる。最大限の効果を発揮するナッジを採用しようとすると、費用が高すぎて見合わないかもしれないし、効果はやや低いが費用がはるかに低いナッジよりも純便益が小さいかもしれない。

くわえて、有効性に関する情報だけで便益を十分に説明できるわけではない。90％の人が貯蓄プランに入ったり、グリーンエネルギーに自動加入することで汚染が20％減ったりすれば、厚生は厳密にどれくらい高まるのか。貯蓄プランへの加入率が上がったり、汚染が減ったりするのは望ましいことのように見えるが、どれくらい望ましいことであるのかを正確に理解するには、まだまだ膨大な研究が必要になるだろう。加入率が上がるのは重要なことなのか。厳密にどれくらい重要なのか。汚染の水準が20％下がると、死亡率や罹患率にどのような影響がおよぶのか。この点については、今回の調査質問では、たとえさまざまな条件が設定してあっても、関連する情報を回答者に提供することはできなかった。一例として、喫煙についてシステム1のナッジを導入すると早期死亡者をシステム2のナッジよりも4000人以上多く防ぐことができると想定してもらうと、人々の見方がどう変わるか見てみるのもおもしろいだろう。

一見すると、個人の効用についての情報を踏まえて社会全体の望ましさを追求する厚生主義者には、システム1のナッジをシステム2のナッジよりも選好したり、あるいはシステム2のナッジをシステム1のナッジよりも選好したりする系統的な理由はないように思われる。すべては費用と便益で決まる。[19]

しかし、さらに考察を進めると評価が変わるかもしれない。厚生の計算には、ナッジそのものの費用が含まれる。想像できる状況下では、システム1のナッジのほうがはるかに実行しやすいことがある（デフォルトルールを設定するだけというようなときがその一例である）。その一方で、ナッジの長期的な効果を問う必要もある。システム2のナッジが人々を教育し、生活のさまざまな領域で有益な効果をもたらすものであれば、その効果に付随する便益が生まれるだろうし、それが有意なものになるかもしれない。調査の回答にこうした点が適切に反映されているかは疑わしいが、注意を払っている回答者もいるだろう。

今度は、私たちは「厚生主義者」ではないとしよう。つまり、尊厳や自律性にかかわる理由から、人は能動的な主体でなければならず、自分たちの生活に影響を与える結果に積極的に責任をもたなければいけないと考えているとする。

この考え方は多分にあいまいではあるが、このような考え方を支えているのは、たとえある種の自動加入を採用すると社会全体がより望ましい状態になるとしても、情報を十分に与えられたうえで選択をするほうが人々が尊重されることになるため、それがベストであるという判断だ。[20] パターナリズムの問題点は、たとえ選択の自由が確保されている種類のものだとしても、行為主体性を行使する人々の能力を軽んじていることだろう。これは尊大さの現れといっていいかもしれない。[21] 政府が国民の利益になると考えるプログラムに人々を加入させるのではなく、人々を教育すればいいのではないか。

この疑問を訴える人が受け入れる答えは、人によってそれぞれ違うかもしれない。公共の福祉という観点から自動加入のほうが有意に優れているのであれば、人々を教育する必要はないし、好ましいことでもないと認める人もいるだろう。しかし、自動加入のほうが有意に優れていることを証明する責任を政府が果たすべきだと主張するはずである。その一方で、教育型のアプローチをとることを選択するべきだとする強力な推定を受け入れて、教育のほうが純便益が高いことを非常に強力に立証することを求める人もいるかもしれない。さらに、少なくとも一部の問題では、たとえシステム1のナッジのほうが優れていることが立証されたとしても、システム1のナッジを使うことは正当化できないと考えている人もいるはずである。

それぞれの意見の間にはっきりとした境界はなく、一つの連続体としてつながっているのかもしれない。もちろん、そうした連続体は今回の結果に沿ったものになるだろう。

「主体性」の度合いとナッジの評価

一部の集団では、人の能力を高める介入が強く選好され、人の可謬性につけこんだり、巧みに利用したりするように見える選択アーキテクチャーには懐疑的である。

たとえば、デフォルトルールが惰性のおかげで機能する場合には、操作の一形態とみなされるかもしれないし、たとえその主張が強すぎるとしても、人々を教育する方法がいちばんよいと強く訴える人もいるかもしれない。ある説によれば、システム1のナッジとシステム2のナッジのどちらを選択するかは、公共の福祉に与える相対的な効果の評価に左右され、それを評価するには一種の費用便益分析が必要になる。[22] その一方で、自律性と尊厳に関する懸念を何よりも重視するべきだという見方もある。

ここでの主な目標は、こうした疑問について人々は本当はどう考えているのかを調べることである。

重要な発見は、少なくとも今回テストしたケースでは、大半の人はたいていはシステム2のナッジを選好するということだ。さらに、この選好は支持する政党に関係なく認められる。調査参加者にシステム1のナッジのほうが効果が高いと想定してもらうと、参加者の多く、たいてい10〜14%がシステム1のナッジを選好する方向にシフトする。効果がより高いことを示す定量的な情報を与えられるときも、変化の度合いは基本的に同じだ。そして、システム2のナッジのほうが効果が有意に高いと想定してもらうときは、参加者の判断は中立条件とほぼ同じになる。これが最も意外な発見である。

支持政党の違いはいくつかの文脈で現れる。一例として、グリーンエネルギーと節水の文脈では、民主党支持層のほうがシステム1のナッジを選好する傾向が強い。しかし、それ以上に劇的な発見がある。全体として、民主党支持層、共和党支持層、無党派層の回答のパターンが驚くほど似ていることだ。いずれも、少なくとも標準的なケース（喫煙、貯蓄、エネルギー、節水）ではシステム2

のナッジを支持する傾向がある。また、システム1のナッジのほうが効果が有意に高いと想定してもらうとき、そして、具体的な数字を示すときには、同じ割合で選好が変化する。さらに、システム2のナッジのほうが効果が有意に高いと想定してもらうと、中立条件のときと同じ数字を示す。

これまでに見たように、対象となる分野が違えば、反応も違ってくる。ナッジの目的に強い関心が向けられているのであれば、おそらく有効性によってすべてが決まり、行為主体性の問題は二の次に見えるだろう。たとえば、犯罪的暴力を減らそうとするシステム1のナッジは、有効性が高いという理由だけで選好されるかもしれないし、システム2のナッジでは(人を殺したりレイプしたりする)主体性を行使する能力が確保されていることはあまり気にしないはずである。そこからさらに踏み込んで、次のようにいうこともできるだろう。ターゲットになっている行為(殺人、レイプ)に人々が怒っており、かつ、そうした行為をなくしたいと思っていれば、命令は受け入れられるようになって、その命令を補完するシステム1のナッジは原則として支持される。

政治的な意見が二極化している問題では、どのような種類のナッジを支持するかという判断も二極化するのではないかと思われる。中絶がその典型的な例となる。すでに見たとおり、大半の民主党支持層と大半の共和党支持層が、中絶を減らすシステム2のナッジを支持しているが、共和党支持層はシステム1のナッジを選好する人の割合が有意に高い。グリーンエネルギーと節水でも、同じような違いがあるが、傾向が逆になる。ナッジを採用する人の目的に疑問があるか、快く思われないと、システム2のナッジが選好されることになるかもしれない。これはシステム2のナッジのほうが自律性が尊重されるように見えるからだ。

したがって、一部の条件では、有権者登録と子どもの肥満について、支持する政党による違いが認められるのも驚くことではないはずである。

ナッジ全般を評価するにあたっては、こうした発見が意味するところは大きい。一連の発見からは、ナッジの目的が望ましいとされるとき、そして、その目的を果たそうとする政府を人々が信頼しているときには、システム1のナッジは相対的に受け入れられやすく、また、ナッジの目的に疑問があるときや、政府が信頼できないときには、システム1のナッジに対して相対的に懐疑的になりやすいことが示唆されている。

最も興味深い疑問は、「個人の行為主体性を犠牲にすること（システム1のナッジがそう受け止められるかもしれない）」と「有効性を高めること」にそれぞれどのような重みがあるかである。行為主体性をどこまで重視するかは人それぞれであり、行為主体性をどう理解しているかもそれぞれ違う。行為主体性を犠牲にすることに高い対価（有効性）を求める人もいるだろう。ここでも文脈が重要となり、一部の集団が行為主体性に高い価値を置くときもあれば（中絶する権利など）、その同じ集団が行為主体性に低い価値を置くときもある（有権者登録など）。行為主体性の価値は、人や文脈によって変わるのである。

そこまでは明らかではないが、それ以上に興味をそそることとして、行為主体性を促進する価値も、人や文脈によって変わるといえる。ナッジの対象には、行為主体性を行使することが便益ではなく費用になるものもある。その最たるケースが有権者登録だ。権利が尊重されていて、権利を享受するために行動を起こすことが求められない選択アーキテクチャーは、物事が楽になるというだけの理由で、強く支持されるかもしれない。

それだけでなく、この例はもっと大きなことを示唆している。システム1はシステム2のナッジを選好する傾向があるかもしれず、システム2もシステム2のナッジを選好するかもしれないが、分析を続けていくと、システム2はシステム1のナッジがベストだと結論づけることが多いのだ。

8

Misconceptions

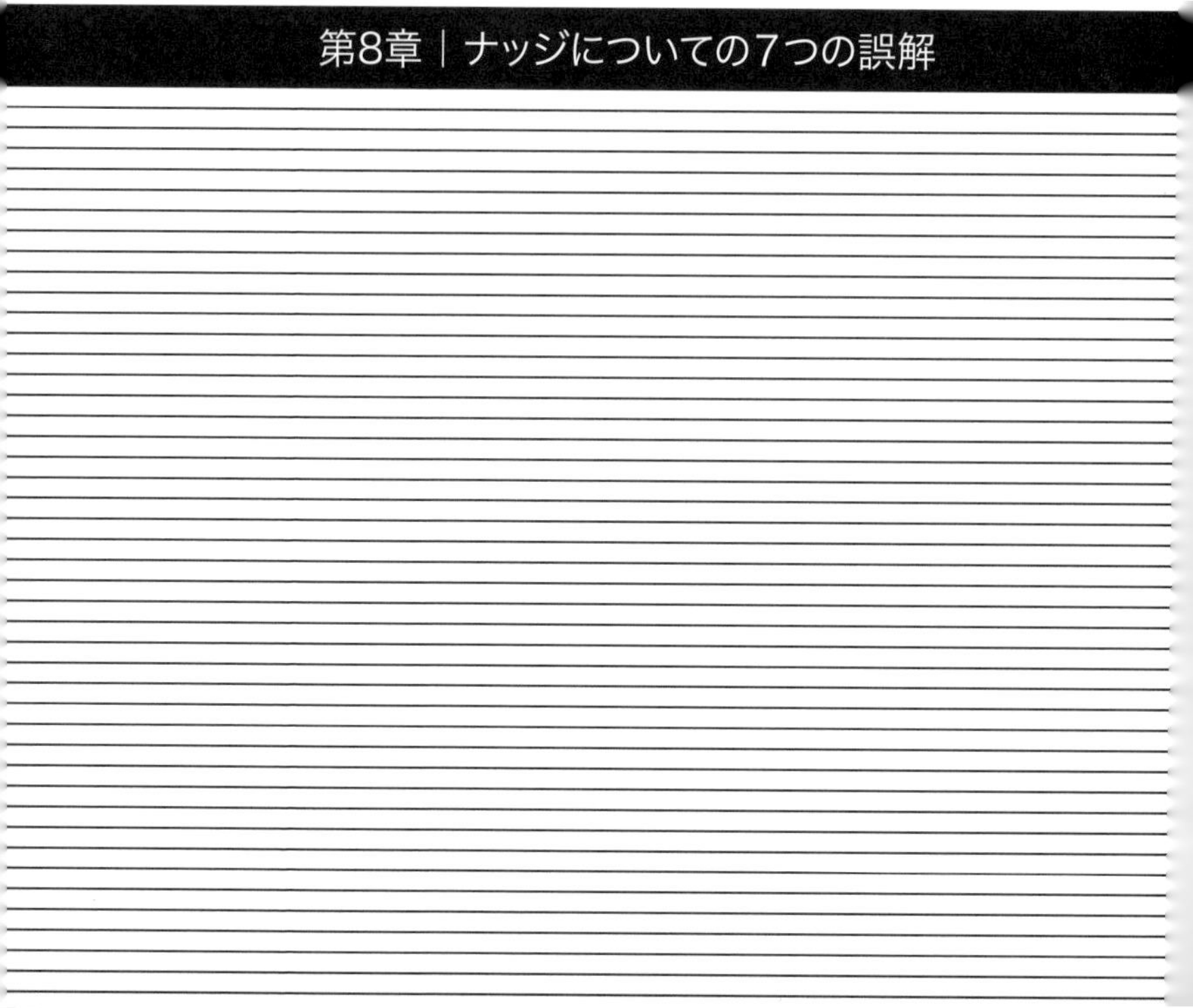

「ナッジ」はいま、大いに誤解されている

本書の第一の目標は、世論におけるナッジの評価を提示することである。ここまでは一般的な質問のみによって、その評価をざっと見てきた。しかし、より目標を達成するために、ここで、ナッジについてのよくある間違いや誤解について一つひとつ説明していこう。

残念ながら、政界、学術界にかかわらず、こうした問題はいまも関心が向けられないままで、歩みが止まってしまっている。さいわいにも、具体的な質問に対しては、回答者はナッジに対する総論的な誤解にとらわれないことがわかってきた。抽象的な質問に対して、誤解が生じているようだ。

それでは、前置きはこれくらいにして、本題に入ろう。

誤解1　ナッジは人間の行為主体性をないがしろにしている。

自由社会では、人は尊厳をもって扱われ、一人ひとりが自分自身で判断してどうするかを選択で

きる。一方、ナッジは人を単なる公的管理の対象としてしか扱っていないため、いろいろ問題があると反対する人がいる。

しかし、この批判は的外れだ。ナッジの主眼の一つは、選択の自由をそのまま残すことであるので、行為主体性は損なわれない。多くのナッジは教育的で、自分の意思でよりよい選択ができるようにするものであり、まさにその能力を強化するものだ。

カロリー表示をすることや、ある種の商品に関連するリスクの警告を考えてみてほしい。情報、警告、リマインダーが与えられることで、行為者は自分で選択をしやすくなる。カフェテリア方式の食堂や食料品店で健康によい食品を目立つところに置くようにする選択アーキテクチャーを使用するといった非教育的ナッジでも、人は自分で好きなように選択できる。今回の調査の教育的ナッジも非教育的ナッジも広く支持されていることを示唆する結果が、こうした点が全体として理解されている証拠となる。

行為主体性をより高めることが目標であるのなら、デフォルトルールには問題があるといえるかもしれない。しかし、デフォルトルールは人間の生活のいたるところにあるので、その主張に説得力をもたせるのは簡単ではない。契約法からデフォルトルールを削除するのは理にかなうのだろうか。雇用主や病院、銀行がデフォルトルールを使うことを禁じろということなのか。実際問題として、それに何の意味があるというのだろう。

個人の行為主体性を尊重するためにデフォルトルールを拒否したいという人は、デフォルトルールによって生活がよりシンプルになり、物事を選択しやすくなっている（ナビゲーション）という側面を改めて考えてみるべきだろう（ナビゲーション能力がどれだけ大切であるかは、このすぐ後でくわしく述べる）。

誤解2　ナッジは政府への過度の信頼がベースになっている。

ナッジそのものに直感的に反対する根底には、政府への不安がある。それを突き詰めると、次のようになる。施政者は無能だったり、利己的だったり、無謀だったり、政治が腐敗していたりするとしよう。そして、あなたが嫌いな指導者がナッジの責任者であるか、責任者になるとする。その人にナッジしてほしいと思うだろうか。

あるいは、あなたはジェームズ・ブキャナンとその信奉者たちが強調する「公共選択の問題」や、フリードリヒ・ハイエクとその信奉者たちが強調する「知識の問題」を強く警戒しているとしよう。[1] 政府が何らかの利益団体から恣意的な影響を受けていて、役人が大した情報をもっていないとしたら、あなたはきっとこう主張するだろう。「ナッジを活用するな！　民間市場に任せるほうがずっとよさそうだ」。

それどころか、行動科学そのものがこの結論を強調するものであるように受け止められるかもしれない。政治家や官僚が行動バイアスに陥らないと考える理由はない。民主的な社会では、政治家は選挙で勝つことを目標とするが、その中で、一般市民と同じ行動バイアスの影響を受けるようになるかもしれない。

政策を立案し実行していく過程に、バイアスを防ぐ安全装置が組み込んであればたしかに役に立つだろう。科学を重視し、費用と便益に細心の注意を払うテクノクラート（科学者・技術者出身の官僚）が高い地位につく場合は特にそうである。しかし、現実世界の政治となると、行動の歪みを避けるのは難しい。

これはもっともな指摘であり、重要な論点だが、ナッジに対する批判として受け止めると、論理が成り立たなくなる。多くの場合、ナッジをゼロにすることはできないためだ。

政府に省庁とウェブサイトがあるかぎり、ナッジは使われるだろう。法律が契約、財産、不法行為を規定するのであれば、たとえデフォルトルールを定めて、人が何もしなければどうなるかを決めるというだけであっても、それはナッジになる。ハイエク自身が書いているように、競争的なシステムをつくることは「まぎれもなく国家がやるべき仕事であり、それは広い範囲にわたる」。なぜなら「国がいっさい何もしないようなシステムを、合理的に擁護できるわけがない。効率的な競争システムには、他のシステムとまったく同じように、賢明に設計され、継続的に調整される法的な枠組みが必要である」からだ。[2]

ハイエクが理解していたように、私有財産を保護し、契約を執行する国家は、どのような権利をデフォルトで与えるかを含めて、何を禁止し、何を許可するかを定めなければならない。交渉が始まる前に誰が何をもっているかをはっきりさせるのである。だから、「ナッジをするな！」と言い張っても意味がない。少なくとも無政府状態を受け入れるのでなければ、そうである。

政府を信頼していない人に対する二つ目の答えはこうだ。ナッジは選択の自由を維持するので、政治家や官僚が間違った判断をする場合に備える安全弁になる。ナッジを支持する人は、公共選択の問題や知識の問題を強く警戒しているし、政策を立案し実行する人が行動バイアスにとらわれる可能性があることを強く懸念している。その多くはブキャナンと（特に）ハイエクの影響を受けている。さらにいえば、もし政府を信頼していないのであれば、命令、禁止、補助金、税金に、より強い警戒心をもつべきだ。ナッジは精査されなければいけないことはたしかだが、優先度はどちらかといえば低いだろう。

もちろん、一部のナッジは必須とはいいきれないことは事実である。政府は人々に対して、喫煙、オピオイド依存、わき見運転のリスクを警告してもいいし、しなくてもいい。消費者を欺瞞や操作から守ろうとしてもいいし、しなくてもいい。啓発キャンペーンを行ってもいいし、行わなくてもいい。政府はまったく信用できないと考えているのなら、ナッジをしなくてすむのであれば、してほしくないと思うかもしれない。

理論上では、その立場を完全に排除することはできない。公共選択の問題、そして知識の問題は現実に存在するし、重要な意味をもつ。政治家や官僚の能力とインセンティブについてきわめて悲観的な前提を置き、民間部門にいる人の能力とインセンティブについてきわめて楽観的な前提を置くなら、ナッジは最小限にするべきである。しかし、民間の行為主体がナッジを活用し、自らの利益のために認知バイアスにつけこむならば、数え切れないほど多くの人に深刻な害をおよぼすことになる。それに、政府に喫煙やわき見運転を減らすための措置をとらせないようにすることは、本当にいいことといえるのか。いずれにしても、費用対効果で測るとしたら、現実世界のナッジは、華々しい実績をあげている。[3]

いうまでもないが、ナッジは、政府がする他の介入と同じように、透明性の確保や議論の公開、独立機関による監視（ナッジがどれくらい機能しているか確かめる継続的な評価を含む）など、民主的な要件を満たすようにしなければいけない。このような制約をかければ、リスクを減らせる（すべてなくすことはできないが）。ここで非常に重要な点は、こうしたリスクは、他のツール、とりわけ命令と禁止のほうがはるかに大きいことである。

誤解3　ナッジは目に見えない。

命令、禁止、税金には利点が一つあるという人もいる。それは透明性があることだ。それが何であるか、みんな知っていて、だまされる人はいないという。それに対し、ナッジは目に見えず、その意味で巧妙であり、一種の策略であり、[4]人々は知らないうちに影響を受けているというのだ。

この批判は、どのようなナッジについても理解しがたい。GPS装置はナッジするし、透明性も十分にある。ラベルも、警告も、リマインダーも隠されてなどいない。隠されていたら役に立たないだろう。雇用主がオプトアウト方式で従業員を自動的に貯蓄プランに加入するようにさせるときにも、隠されていることは一つもない（もしも、オプトアウトする権利が明確に示されておらず隠されているならば、それは大問題だ）。

であるにもかかわらず、なぜ人々はナッジは目に見えないと批判しているのだろう。その批判に何の意味があるのだろうか。一つの可能性として考えられるのは、ランダム化比較試験に参加するときには、その事実を知らされないケースがあることだ（ランダム化試験でさまざまな条件について知らされたら、うまくいかなくなってしまうかもしれない）。しかし本当の答えは、ナッジの影響を受ける人がナッジに意識を向けなくても、場合によってはナッジについて考えることさえなくても、機能する場合があるということではないか。そうしたナッジはほとんど隠されていないのだが、ナッジに気がつかなかったり、少なくともナッジの目的や効果に気づかないこともある。

たとえば、カフェテリア方式の食堂で、健康によい食品がいちばん目につくところや最初に置かれるように設計されているかもしれず、まさにその理由から、人々が健康によい食品を選ぶかもしれない。そうした設計は隠されていないし、むしろ一目でわかるようにするべきなのだが、その食堂が健康によい食品を選ばせるように設計されていることには気づかないだろう。なるほど、果物がブラウニーよりも目にとまりやすいところにあることはわかっても、なぜそうなっているのかがわかっていないかもしれないし、果物を選ぶという決定はよく考えたものではなく、速くて自動的なものかもしれない。あるいは（たとえば）レンタカー会社と契約するときにデフォルトルールのことをあまりよく考えないかもしれない。何らかの保険プランに自動加入することになっていて、オプトアウトを選択できても、「ああ、何でもいいよ」と言って、デフォルトをそのまま受け入れるかもしれない。

その意味では、自分がナッジされていることに気づいていないにもかかわらず（あるいは気づいていないからかもしれないが）、機能するナッジもあるというのが正確である。ただし、ナッジが行われていると伝えられても、そうしたナッジの効果は減少しないことを示すエビデンスが出てきている。明確な結論はまだ出ていないが、デフォルトルールの存在と正当性が明らかになっても、全体的な効果は下がらないようである。[5] 人によっては、存在や正当性が明らかになることによって、ある種のデフォルトルールが伝える情報シグナルが増幅され、その効果が大きくなる可能性さえありえる。[6]

たとえば食堂が健康によい食品を選ばせるように設計されていることに注目が集まれば、その設計の効果はむしろ高まると見るのが妥当だろう（ただし、それが一部の消費者の「リアクタンス（自由を阻害されると反発する心理）」を引き起こすおそれもある）。

誤解4　ナッジは人を操る。

ナッジは目に見えないという主張の一つとして、ナッジは一種の操作だと批判する人もいる。しかし、さきほどの議論に戻ってほしい。次の火曜日に病院の予約があるとリマインドされる場合には、誰も人を操作していない。食品のカロリー含有量がラベル表示される場合や、ある食品に貝やナッツが含まれているとか、抗ヒスタミン剤の「ベネドリル」を推奨量を超えて服用すると何か悪いことが起きるかもしれないと警告される場合もそうである。

たしかに大半の人はサブリミナル広告を拒否する。これはサブリミナル広告が操作的だとの理由からだろう。そして、オピオイド依存や運転中の携帯電話使用の危険性を説く画像警告は、反射的に不安感や嫌悪感を呼び起したり、人の感情に強く訴えたりするであろうことも想像がつく。このようなナッジは一種の操作とみなされて批判されるかもしれない。

ナッジが人を操作をするかどうかを明らかにするには、そもそも操作とは何かを定義する必要がある。その、(とても)長く複雑な議論を要約すると、哲学者らの見解は、物事を合理的に深く考える人間の能力をないがしろにするのであれば、その行為は操作的だとみなされる、という点でおおむね収束している。[7]

ならばどう見ても、大半のナッジは操作にはあたらない。その一線を越えてしまうことも考えられないわけではないが、ナッジそのものが操作的だとすることとは、まったく別の話である。

誤解5　ナッジは行動バイアスにつけこむ。

ナッジは行動バイアスを「巧みに利用する」か「つけこむ」ものだと批判する人もいる。実際に、一部ではナッジは行動バイアスにつけこむものと定義されている。[8] これだとたしかに悪いことのように聞こえる。

しかし、この批判はほとんど間違っており、また用語を自分の好きなように定義するのはかまわないにしても、この定義は混乱を招くものだといわざるを得ない。

行動バイアスが働いているかどうかに関係なく、多くのナッジは理にかなっているし、人を手助けする。GPSは行動バイアスに働きかけることなく人の役に立つ。情報の開示は、たとえバイアスが何もないとしても助けになる。デフォルトルールは生活をシンプルにするので、行動バイアスがあるかどうかに関係なく、恩恵をもたらす。GPSの例が示唆するように、多数のナッジはナビゲーション能力を高めることを目標としている。人々が望ましい目的地にたどり着きやすくするということだ。

そうしたナッジが生まれる背景には、人生はナビゲーション次第でシンプルにも複雑にもなるという認識があり、役に立つナッジは、人生をシンプルにするためのナビゲーションとなることを目標としている。

もちろん、行動バイアスを弱めるナッジがあれば、行動バイアスがあるから機能するナッジもあるのも事実である。たとえば、人間は現在バイアスに陥りがちで、長期の見通しを軽視してしまいやすい。非現実的な楽観主義に支配されて、よい結果になる確率を高く見積もる傾向もある。ナッジの中には、現在バイアスや楽観バイアスを克服しようとするものもある。喫煙や飲酒の長期のリスクを強調したり、老後の計画を立てる大切さを暗に伝えたりすることがその例だ。

同じように、デフォルトルールが機能するのは、惰性があるからでもある。惰性が行動バイアスであることに疑問の余地はない。しかし、これは悪い意味でのレトリックであり、ナッジはそうしたバイアスに「つけこむ」という誤解はここから生じている。

誤解6 「人間は不合理だ」というナッジの前提は間違っている。

ナッジは「人間は〝不合理〟だ」という考えに基づいているが、これは人を侮辱するものであるばかりか、間違ってもいると批判されてもいる。[9]

この批判はさまざまな形で表現されている。一つは人は単純なヒューリスティクス（心理的な近道）や経験則に頼るが、それは何も悪いことではないという形だ。ヒューリスティックや経験則はうまく機能しているのだから、ナッジは必要ないし、状況を悪化させることにもなりかねないという。

また、ナッジというアイディアそのものが、説得力のない心理学的研究を土台とし、現実世界にはあてはまらないラボ実験の結果とされるものを寄せ集めてつくられているという批判もある。

あるいは、人はナッジなどしなくても教育することができるし、そうするべきであるという。

これらの批判の中でも最も優れているのは、人間の効用関数は複雑であり、他人には理解できないだろう、というものだ。この批判に基づくと、「不合理」に見えるものは、多種多様な目標をトレードオフしようと努力した結果だと考えられる。身近な例をあげると、人が太りやすいものを食べるのは、現在バイアスに陥っているからではなく、そうした食べ物を大いに楽しんでいるからかもしれない。これはそこまで身近な例ではないが、人が老後の資金を貯められないのは、楽観主義バイアスに陥っているからではなく、いまお金が必要だからかもしれない、という具合だ。

ヒューリスティクスや経験則がおおむねうまく働くことは誰も疑わないはずである（だからそれらが存在するのだ）。しかし、ヒューリスティクスに頼って失敗することもある。ヒューリスティクスがうまく働かないときには、ナッジがことのほか役に立つはずだ。十分な行動研究から、人は完全に合理的なわけではないことが証明されており、数多くのナッジがそうした発見に基づいて開発されている。たとえば、デフォルトルールが機能するのは、惰性の力が働くからでもある。リマインダーが必要かつ有効なのは、人間の注意力には限りがあるからでもある。人の情報処理能力は不完全であることを理解したうえで情報を示すと、情報が行動に影響を与えやすくなる。このようなナッジを支持する主張は、実験室と現実世界の両方で得られたエビデンスに基づいている（もちろん、記述が正確ではなかったり、重要な状況下で間違っていたりする可能性はある）。ただし、ナッジを支持する人は「不合理」という言葉を使わず、むしろ嫌っていることは述べておきたい。「限定合理性」のほうがずっといい。それに、教育がうまくいくケースがあることを疑う人もいない。

これまでに強調してきたように、多くのナッジは教育的である。リスクを評価する手助けをする、統計の知識を教えるなど、より積極的な教育の取り組みは、ふつうはナッジを補完するものであって、ナッジを代替したり、ナッジに代わる選択肢になったりすることはめったにない。

また、ナッジ批判者がいうように、人の効用関数は複雑で、他人には理解できそうにないことも事実である（これは非常に重要なポイントだ）。ナッジをする側が選択の自由は守られていると主張する理由の一つがこれだ。ナッジをゼロにできないのであれば、「人の効用関数は複雑なのでナッジは避けるべきだ」と訴えても意味はない。ナッジをするかどうか選択の余地があるなら、エラーが発生するリスクを評価し、ナッジが人々の厚生を損なわずに促進するようにしなければいけない。GPS装置を使っても、厚生は減らない。一般には、健康リスクに関する情報や将来予想される金銭的な負担に関する情報をナッジによって与えると、厚生は高まるはずである。

いうまでもなく、ナッジが期待されたとおりに機能しているかは、検証して確かめなければいけない。ナッジが失敗することもある。そのときには、自由が機能したととらえるか、あるいはナッジをもっとうまくやるべきだと考えるのが正しいだろう。

誤解7　ナッジが機能するのは周縁の問題だけなので、大きな成果はあげられない。

世界が直面している大きな問題を列挙するように求められたら、専門家の多くが貧困、栄養不良・飢餓、失業、腐敗、病気、テロ、気候変動をあげるだろう。そうだとすると、ナッジは社会のために本当に役立つことはしていないのではないか、というのがここでの批判だ。ナッジを理解すると、政府が市民に出す手紙の表現をどのように微調整すれば望ましい行動を統計的に有意に増やせるか、斬新なアイディアが生まれるかもしれない。だが、それはとても小さなことだ。行動経済学者が世の中に貢献したいと思っているのなら、もっと重要な問題に焦点を絞るべきではないのか、という。

行動情報を活用するアプローチはナッジに限られたことではないのは事実である。命令も、禁止も、インセンティブも、行動科学によって正当化できるだろう。行動科学の知見に基づく政策プログラムには、ナッジ以外にも選択肢がある。[10]

また、一部のナッジは小さな変化しか生み出さないことも事実である。しかし、さまざまな領域で、ナッジは他の種類の介入よりも費用便益がはるかに高いことが証明されている。つまり、かけた費用1ドルあたりのインパクトが有意に大きかったということだ。[11]

それに、効果が小さいとはとてもいえないナッジもある。無償学校給食プログラムに自動加入がとりいれられた結果、いまではアメリカの貧しい家庭の子ども1100万人以上に1学年度を通じて朝食と昼食が無償で提供されている。クレジットカード規制法が2010年に施行されて、アメリカの消費者は年間100億ドル以上を節約している。こうした効果のかなりの部分がナッジとナッジ型の介入から生まれている。[12] 貯蓄については、年金プログラムへの自動加入が採用されて、加入率が大幅に上がっている。[13]

いま初期段階にあるか議論されている新しいナッジも、大きなインパクトをもたらす可能性がある。温室効果ガスの排出を減らすことが目標であれば、グリーンエネルギーへの自動加入をとりいれると、数多くの国で大きな効果をあげられるだろう。[14] 所得税額控除制度や類似の制度は、世界的に見ても非常に効果が高い貧困対策プログラムの一つにあげられるが、制度を利用していない対象者が大勢いる。自動加入方式にすれば、何百万人もの生活が大きく改善するはずだ。

非常に深刻な問題については、ナッジの使用はまだ準備的な段階にとどまっているものも多い。この先、ナッジを活用する事例がぐっと増えると見られるし、インパクトは小さくはないだろう。

もちろん、世界が直面している問題は無数にあり、ナッジだけではとうてい足りない。ナッジでは、貧困や失業、腐敗をなくすことはできない。

しかし、税金、補助金、命令、禁止を問わず、一つの施策だけで大きな問題が解決されることはないだろう。問題をほんの少し前進させるだけでも、大きな成果となる。

9

A Bill of Rights for Nudging

第9章｜あらゆるナッジに適用されるべきわれわれの権利とは？

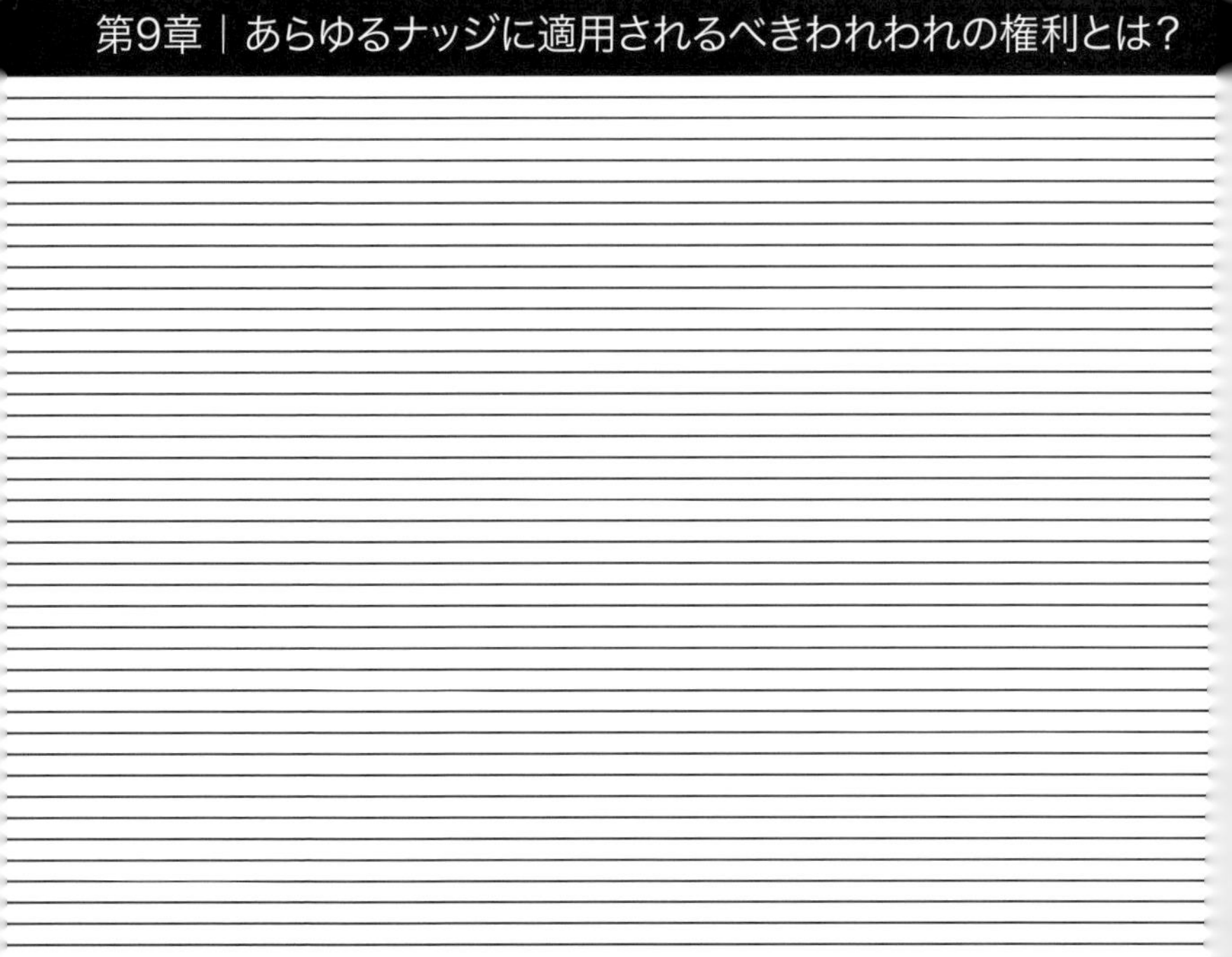

ナッジの正当性

現代の法理論と政治哲学の柱である「正当性」という概念は、二つのとらえ方がある。この言葉は、「事実はどうなのか」を問う純粋に記述的な用語と見ることができる。「政府や政策は正当であると市民は本当に考えているのか」。そしてまた、「どうあるべきか」を問う規範的な用語と見ることもできる。「政府や政策は理論上正当なのだろうか」。

もちろん、どちらの理解の下でも正当性という概念をさらに明確に規定する必要がある。しかし、たとえどのように規定されるとしても、政府と政策は、それに従う者から何らかの形の同意を得る必要があるし、同意するに値するものでなければいけない。憲法はたいてい、記述的な意味でも、規範的な意味でも、正当性を高めるように設計されている。権利章典は憲法に加えられる例が多く、政治的正当性という概念を定義することもある。

正当性をめぐる議論では、個人の権利に焦点が置かれて、言論の自由、宗教の自由、適正な法の手続きの保障が強調されるときがある。そうした権利を損なうことになるナッジは、容易に想像がつくだろう。たとえば、「市民はキリスト教信者である」、あるいは「市民は現指導者に投票しようとしている」と推定するデフォルトルールを考えてみてほしい。

また、正当性の議論では、強制という、より幅広い問題、なかでも正当な力の行使を独占する政府からの強制も焦点となる。「政府はどのようにすれば正当に市民に対して行動するように求めたり、行動しないように求めたりできるのか」。この問題については、さまざまな哲学の伝統が重要な答えを示している。カント派、アリストテレス派、ロック派、ベンサム派に関係なく、そうした答えをつきつめると、他者に害を与えるのを防ぐこと（したがって殺人、暴行、レイプを禁じること）、そして、集合行為問題を解決すること（したがって国防を提供し、汚染と闘うこと）は正当である、という立場に行き着く。

多くのナッジはこうした取り組みを手助けするものだが、ナッジでは十分ではないという見方が一般的だ。ナッジは、刑法の使用などのより攻撃的なアプローチを補完するものである。

ナッジはそれが解決しようとしている問題の種類で区分できそうだ。具体的にいうと、「他者に対する危害ナッジ」「集合行為問題ナッジ」「協調問題ナッジ」「自分に対する危害ナッジ」――である。

今回テストされたナッジの中には、他者に対する害にかかわるものもある。グリーンエネルギーへの自動加入がその例だ。また、行動情報を活用したアプローチがナッジである必要はないことを理解しておくのも大切である。

たとえば、砂糖がたくさん入った飲み物に税金をかけることは、消費者の現在バイアスと非現実的な楽観主義を克服し、間違った判断をしないように消費者を守る手段として擁護されるかもしれない。燃費・エネルギー効率基準を定めることは、長期の見通しを軽視する人間の傾向から消費者を守る手段として正当化されるかもしれない。アメリカ環境保護庁（ＥＰＡ）は２０１２年に公表した文書の中で、次のように短く触れている。「消費者は、自分たちの決定がもたらす長期的な効果に十分な注意を払っておらず、購入の意思決定をする時点で、燃料の節約など、消費者にとっての便益がはっきり示されていなくても、あまり気にしない」。[1] ２０１０年の文書には、もっと長い説明がある。[2]

この状況（および他のいくつかの状況）における最大の謎は、「エネルギーのパラドックス」と呼ばれている。問題を要約すると、消費者は自分にとって経済的利益になる商品を購入していないように見えるのである。どうしてそうなるのかについては、強力な理論上の理由がある。

――消費者は目先のことばかり考えるので、長期の見通しを軽んじているのかもしれない。

――消費者には情報が与えられていないか、たとえ与えられていても、情報を十分に理解していないのかもしれない。

――エネルギー効率の高い商品は価格が高くなるが、将来に燃料を節約できるかは不確実であり、たとえ将来の燃料節約分の期待現在価値が費用を上回っていても、消費者は短期の損失を特に嫌うのかもしれない（「損失回避」と呼ばれる行動バイアス）。

――たとえ消費者が関連する知識をもっていても、購入するときにエネルギー効率が高い自動車の便益が十分に示されていないかもしれず、そのせいで経済的利益になるはずの要素を検討せずに無視してしまうことになるかもしれない。

このような事例をあげても、行動に関する発見を活用するとこれほど幅広いアプローチが生まれるかもしれないと示唆することにしかならない。

今回の調査は、こうしたアプローチの一部分しか探っていない。それでも、正当性の原則について多くのことがわかるはずだ。記述的意味ではもちろんだが、集合知を少しでも信じるなら、規範的意味でもそうである。いうまでもなく、多くの政府は憲法に拘束されるので、憲法によってある種の行動情報を活用したアプローチは制限されるだろう。

一例として、ドイツ憲法は「人間の尊厳」を尊重することを求めており、ドイツでは、行動情報を活用したアプローチはすべて、その要件を満たしていなければいけない。また、アメリカ合衆国憲法はすべての州に「法による平等な保護」を義務づけていて、これは差別を広く禁止することと理解されている。命令や禁止と同じく、ナッジはその規定に反するおそれがある。

ナッジの権利章典を策定する

この章では、一連の発見を踏まえて、正当性の六つの原則を提案する。いってみれば「ナッジの権利章典」である。

他の権利章典と同じように、掲げられている項目は具体的な規定ではなく、幅広い原則と受け止めるべきであることを強調しておきたい。今後も実践を重ねながら、具体的な内容を補足していく必要がある。一部のケースでは、あくまでも推測的なものとして扱うべきであり、説得力のある理由があれば、原則を適用しないことも認められる。たとえば、言論の自由という権利には、贈収賄や偽証、共謀は含まれないし、緊急事態下では、警察は令状をとらなくても家宅捜索できる。しかし、言論の自由という権利、そして、不当な捜査押収から保護される権利は、きわめて重要である。ナッジの権利章典は、公的な立場からナッジをする者に向けたものであり、司法的執行をするためのものではないことを理解すれば、それと同じことがいえるだろう。

権利章典1　ナッジは正当な目的を促進しなければならない。

正当な目的を促進するナッジは支持されて、正当ではない目的を促進するナッジは支持されない。権利章典を設計するにあたっては、そのシンプルな直感が優れた出発点になる。命令や禁止、税金は、政治家や官僚を特別扱いし、その力を守ろうとする試みになるかもしれない。批判の禁止を考えてみてほしい。ナッジはこれと同じカテゴリーに陥りやすい。批判をやめさせるように設計されたナッジは、容易に想像がつく。

これまでに見たように、アメリカ人の大部分がこの種のナッジを拒否しており、今回調査した国のすべてがそうだといって差し支えないだろう。それ以外にも、人種や民族、宗教の多数者を保護したり、女性よりも男性を優遇したりするナッジを設計しようとすれば、そうできる。自由を阻害するように設計することも可能だ。しかしそのようなナッジは、正当な目的を促進するという要件に反するものとなる。

この問題がいっそう興味深くなるのは、いうまでもなく、何が正当な目的とされるかをめぐって論争があるときだ。すべての人が異性愛者になるようにナッジするのは正当なのだろうか。神を信じるようにすることはどうなのだろう。答えは人によって、また、それぞれの国の多数派がどのような集団であるかによって違ってくるだろうし、多くの人にとって、その答えは明らかだろう。弁明の必要は基本的にない。

いうまでもないが、本書の目標は、何が正当な目的とされるかについて結論を出すことではない。何が正当な目的であるかが法的、あるいは社会的に明確であると、一部のナッジにとってはそれが障壁になると示すことだけである。

権利章典2　ナッジは個人の権利を尊重しなければならない。

この考え方は、正当な目的を追求することを禁止されたときのものとみなされやすいが、それとは別の問題としてとらえるべきである。これは一種の二次的権利（権利が尊重されるようにする権利）をつくろうとするものだ。

これまでに強調してきたように、ナッジは選択の自由を尊重する。そのため、権利を侵害しているとはみなされにくくなることが多い。しかし、今回の調査や考えられるかぎりの類似の調査が示すとおり、たとえ一人ひとりが自分自身で判断してどうするかを選択できるとしても、ナッジが権利を侵害するおそれがある。現職の指導者の名前を大きくて、太くて、きれいな文字で印刷し、競合する立候補者の名前を小さくて、薄くて、汚い文字で印刷する投票用紙を設計することは支持されないだろう。政治のリーダーが自分自身のために選挙活動をすることは間違いなくできるし、行動科学に基づく戦略を使って人々が自分に投票するようにナッジすることだってできる。だが、投票をしなかった人を自分に投票したものとみなす投票システムをつくることはできない。

もちろん、個人の権利のカテゴリーを明確にして、ナッジがそれに干渉するかどうかを判断する必要は残る。その判断が国によって違ってくることはあるだろう。しかし、全体としてどう考えられているかは明らかである。

権利章典3　ナッジは人々の価値観や利益と一致しなければならない。

今回テストされたナッジの大半は、人が間違った選択をしないようにするものだ。カロリー表示や禁煙キャンペーン、貯蓄プログラムへの自動加入を考えてほしい。ナッジが人々の価値観や利益と一致するときには、回答者の圧倒的多数がナッジを受け入れて、一致しないときには拒否する。

この原則もさまざまな形で規定できるし、望ましい規定が国によって違うであろうことは容易に想像がつく。女性が伝統的なジェンダーロール（性別によって期待される役割）を受け入れるようにナッジしようとするのは正当なのだろうか。われわれはそうは思わないが、その点に関しては、国際的なコンセンサスができているとはいいがたい。

どのような規定が引き出されるか調べてみるのもおもしろそうだが、ここで大切なのは、この一般原則、ナッジは人々の価値観や利益と一致しなければならないということについて明確なコンセンサスが形成されているということである。

またこの原則は、政策立案者が世論を先導するのを禁じようとするものではけっしてないことを付け加えておく。一部のケースでは、政策立案者はたとえば民族や宗教による差別から保護するべきだと考えているかもしれないし、たとえそうした差別が人々の価値観と一致し、かつ、大きな利益になると考えていても、差別をしないようにナッジすると主張するかもしれない。

（一部または多くの）人々が自分たちの価値観や利益と考えているものから政策立案者が逸脱できるようにするべきか、いつそうするべきかはデリケートな問題であり、逸脱がどのような根拠で正当化されるかによって答えは変わる。正当化する責任が政策を立案する側にあることは間違いない。ここでは解決策を示さず、問題を指摘するにとどめる。

権利章典4　ナッジは人を操作してはならない。

大半の国で、市民を当局が操作することはタブー視されており、憲法がその根拠となっていることが多い。今回の調査で明らかになったように、さまざまな国で、サブリミナル広告は、たとえ正当な目的を達成しようとするものであるときでも、広く反対される（ただし、全員が反対しているわけではない）。サブリミナル広告への反対は、個人の行為主体性を重んじる民主主義の理念に根ざしているといえるだろう。

人は自分の能力を行使して、自分のことを自分で決める権利があり、当局が人を操作しようとすることは許されない。場合によっては、強制は認めても操作は認めないという人もいるかもしれない。薬物（コカインやヘロイン）の使用を禁止することに前向きであるか、進んで受け入れようとさえする人は多いだろうが、その目的でサブリミナル広告を使う公的な取り組みは認めないだろうと思われる。

操作という概念はそれ自体で定義されるものではないことは、これまでに強調してきたとおりである。この主題は哲学の文献で詳細に論じられており、よく考えて選択する人間の能力を妨げるか弱める、あるいは少なくとも尊重しない試みに重点が置かれている。[3]くわえて、ある形態の功利主義を信奉する一部の人は、操作をタブー視しないだろう。公共の福祉を高めるために適切であるか必要であるなら、操作を認めるはずである。[4]ここでは問題の複雑さはひとまず括弧にくくり、今回の調査対象国の大半では、操作は強く懸念されていて、少なくとも操作をしてはならないとする推定原則があるとだけ指摘しておく。

権利章典5　原則として、ナッジは明確な同意がないまま人からものを取り上げて、それを他人に与えるようなものであってはならない。

この一般的な原則は、今回の調査の発見から導かれている。慈善寄付をデフォルトに設定するケース、そして、臓器提供をデフォルトに設定するケースが広く反対されていることを考えてほしい。その理由からこの原則を権利章典に含めないわけにはいかないが、どのようなことに適用されて、どのようなことには適用されないか、その境界はわかっていないので、かなり慎重に扱うべきである。

たとえば、人々は税金を自発的に支払っていないのに、大半の人は税制度に反対していない。一部の国では徴兵制度があり、兵役義務はこの原則に反しているように見える。慈善寄付をデフォルトとすることに過半数が反対しているのは、この種の原則に反しているからなのか、それとも、慈善寄付は寄付と理解されなければならない、つまり、ある人から別の人への意図的な贈与とされなければならないという狭い理解によるものなのかはわからない。そうだとすると、慈善寄付をデフォルトにするアイディアは、まさにその理由から好ましくない。

権利章典6　ナッジは隠さず、透明性をもって扱われなければいけない。

サブリミナル広告が広く反対されているのは、操作を禁止するものと受け止めるのがいちばん自然だが、それに関連する原則を支持するものととらえることもできる。その原則とは「他の介入と同じように、ナッジは隠されていたり目に見えないものであったりしてはいけない」というものだ。今回の発見からは、市民はその原則を受け入れるだろうと断じることはできないが、われわれはこの原則を好ましいと思っており、ここに組み入れている。

これまでに示した原則と同じく、この原則も明確にする必要がある。何に関する透明性なのか。それに関連する意味では、レジ周辺から菓子類をなくすナッジは、まぎれもなく透明である。そのエリアにはお菓子がない。また、政府がナッジを裏付ける行動に関する発見を引き合いに出してナッジを正当化するという意味でも、透明性がなければいけないのだろうか。

われわれにいわせれば、答えは「イエス」だ。そうすれば、ナッジを正当化する根拠が市民の厳しい目にさらされるようになる（そして問題があれば修正される）だけでなく、市民の意見が尊重されるようにもなる。

ここでの重要な制限条件は、ランダム化比較試験にかかわるものである。多くのナッジ、そして他の多くの介入はランダム化比較試験でテストされ、対照条件の結果と処置条件（人々がナッジを受けるという条件）の結果を比較して効果を調べる。

試験が行われている間に、参加者にナッジが行われていることを明らかにしたら、自分で自分の首をしめることになるだろう。その意味では、透明性は求められない。しかし、試験が終わった後は、それを隠さないことが大切で、何が起きたかを大衆が（参加者は特に）知ることができるようにしなければいけない。そのためには公開登録情報制度のようなものをつくるのがいいかもしれない。

ナッジの権利章典は、実証的な発見から直接的に生まれるといっていい。もちろん、行動情報に基づく政策をどう評価するかについては、もっと幅広い問題があり、権利章典の概念にとても収まるようなものではない。

そこで最後に、権利章典の新しい項目の候補を二つほどあげて、結びとしたい。一つは自律性にかかわるものであり、もう一つは公共の福祉や社会全体の厚生にかかわるものである。この二つの候補には、西側の政治的伝統に基づく強力な理論的基礎がある。また、他の政治的伝統も反映されている。

公共の福祉と自律性について

いうまでもないが、自律性という概念をめぐっては激しい論争があり、ここでは物議をかもす哲学的な主張をすることは避けたい。自律性には選択の自由が求められるのだろうか。どんなときもそうなのか。人々の選好や価値観が形成される背景に注意を払う必要があるのか。[5] もしそうだとしたら、それはいったい何を意味するのか。情報がない状況や、セルフコントロールの問題に直面している状況で下される判断は無視するか、尊重しないようにするべきだということなのか。[6] 自律的ではない判断もあるのだろうか。

こうした疑問はひとまず括弧にくくっておこう。自律性については、最初に指摘しておきたいことがある。ナッジに限っていえば、自律性は重要な意味で確保されている。人々は自分で好きなように選択できる。禁止も強制もされていない。しかし、それでは十分ではないことは、ここまでの議論から、そして、今回の主な発見の一部からも十分に明らかなはずである。人々がだまされたり操作されたりしているのなら、自律性は侵害されているといっていいだろう。自律性の観点からは疑問符がつくデフォルトルールも思い描くことができるし、いまではその理由もわかる。

人が何らかの権利（たとえば宗教の自由についての権利）や何らかの利益（たとえば財産に対する利益）を失うことがデフォルトに設定されているなら、自律性は損なわれているというべきだろう。

そして、オプトアウトする権利があることをはっきりと知らされていなかったのであれば、デフォルトルールは命令や禁止と何も変わらないものになるかもしれない。そうだとすると、自律性が重要であるのなら、同意（オプトイン）や拒否（オプトアウト）ができる状況にあるかどうかに十分に注意する必要がある。オプトアウトする権利が隠されているかぎり、そして、オプトアウトするのが難しいか、大変な手間がかかるかぎり、たとえ選択の自由が確保されているとしても、デフォルトルールは自律性を損ないかねない。

公共の福祉や社会全体の厚生という概念にも論争があり、哲学的な考え方の相違についても、ここでは括弧にくくる。[7] 公共の福祉や社会全体の厚生とは、狭義の功利主義をさすのだろうか。「効用」をどう定義すればいいのだろう。快楽と苦痛をさすのか。[8] 性質が異なる財（ビーチ、住宅、犬、友情）は区別されるのか。そうした疑問に答えを出せるとしたら、公共の福祉や社会全体の厚生をどうやって測定するのか。公共の福祉や社会全体の厚生が効用よりも幅広い概念であるのなら（多くの人がそう考えている）、生活の中で重要になるであろうあらゆるものが含まれるのか。裕福な人が失うものが貧しい人が失うものよりも多いと、公共の福祉や社会全体の厚生は減少するのか。それは明白なのか。

ここでも本質的な疑問はいったん括弧にくくる。一般論として述べるならば、すべてのナッジは社会厚生テストにパスしなければいけない。つまり、公共の福祉や社会全体の厚生を純増させなければいけないということだ。また、最大化もしなければならない（そしてこれは一つの独立した論点となる）。したがって、公共の福祉や社会全体の厚生を純増させるアプローチのうち、純増幅が最も大きいものでなければいけない。

もっと具体的に説明しよう。ある国（たとえばノルウェー）では、グリーンエネルギーのコストは（たとえば）石炭のコストよりも高いため、グリーンエネルギーの使用をデフォルトにすると、消費者に有意に費用がかかるとしよう。また、グリーンエネルギーをデフォルトにすると、汚染（温室効果ガスの排出を含む）も有意に減少するとする。

この場合の疑問は次のようになる。費用は便益よりも小さいのだろうか。もしもそうだとしたら、純便益を増やす方法はあるのか。こうした疑問に簡単に答えが出るケースは容易に想像がつく。数字が明快なときがそうだ。また、簡単には答えが出ないケースも想像がつく。答えを出すのが難しいなら、少なくともなぜそれが難しいのかはわかるし、どこでもっと情報を集める（場合によっては意見の分かれる判断をする）必要があるのかもわかる。

するとすぐ、また新たな疑問に突き当たる。そうした疑問はわれわれも強く認識している。次の五つを考えてほしい。

1　ナッジは有効で費用便益が高くなければいけない。これは重要なポイントであるように見える。われわれの分析にはこうした要件が組み込まれているだろうか。

2　社会的厚生と費用便益分析は別個に考えなければいけない。ある政策が社会的厚生を促進するかどうかという疑問をテストするには、費用便益分析が最も管理可能な方法だとされることが多いが、その主張にまったく納得していない人もいる。[9] さまざまな厚生効果をお金に換算するのが非常に難しいこともある。

3　一部のナッジは、現在バイアスと惰性を克服するように設計されており、そうしたケースでは厚生分析は単純ではないだろう。貯蓄プログラムへの自動加入がその例だ。手取り賃金は減るが、老後の資金が増えるとすると、公共の福祉や社会全体の厚生は高まるのだろうか。

4　一部のナッジは、分配がうまくいくように設計されている。経済のはしごのいちばん下の段にいる人たちを手助けするようなナッジがそうである。厚生分析ではその目標をとらえられるのだろうか。

5　一部のナッジは、差別をなくしたり、さまざまな形の不公平を減らしたりするように設計されている。人種や性別による差別を減らしたり、職場で公平に扱われるようにしたりするようなものがそうである。公共の福祉や社会全体の厚生の概念にはそうした目標は含まれるのか、それとも含まれないのか。

こうした疑問の中には、他よりも答えが出しやすいものもある。ナッジに効果がなければ、有意な便益をもたらすとは考えにくい。そうなると、公共の福祉や社会全体の厚生の観点からはナッジを正当化することが非常に難しくなる。厚生分析のよいところは、問うべき問題と向き合わなければいけなくなることである。厳密にどれくらい効果的なのかだ。費用便益という考え方は重要であり、その意味では、社会的厚生を最大化するという考え方はまったく正しい。ある介入に費用便益がないのであれば、厚生が最大化されるはずがない。何か他のアプローチをとるほうがいいだろう。

費用便益分析は、実際には公共の福祉や社会全体の厚生を代理する指標であり、厚生そのものではない。そのため、判断を誤らせたり、不完全であったりするケースもあるかもしれない。数値化するのが難しい変数（情報開示の効果など）を扱っているときがその例である。[10] 現在バイアスや惰性を克服することが目標であるときも、次のように問う必要がある。全体として見ると、そのナッジは人々を助けているのか、それとも害を与えているのか。その問いと向き合わなければ、年金プログラムへの自動加入を評価することも、デフォルトの拠出率について考えることもできない。たとえ最善を尽くしたとしても、答えが間違っている可能性があるということを忘れてはならず、だからこそ、大衆が参加しなければいけないのである（第6章を参照）。

経済のはしごの底辺にいる人たちを手助けすることや、差別や不公平と闘うことが目標であるときも、その介入が有効で費用便益が高いかどうかを確認することが重要になる。介入がほとんど、あるいはまったくうまくいきそうにない場合や、別のアプローチのほうが低いコストで同等の効果をあげられそうな場合は、その介入をするわけにはいかない。しかし、経済的に困窮している人や、性別による差別を受けている人、職場で不公平な扱いを受けている人を手助けするための取り組みが厚生分析に反映されているかどうかは問うべきだろう。

公共の福祉や社会全体の厚生と厚生主義（どの問題も、介入が社会的厚生に与える効果をもとに評価しなければいけないという考え方）をどう理解するべきかを論じた文献はたくさんあり、まさにこうした疑問が大きな焦点となっている。ここでも、哲学的な問題に関する立場を明確にする気はない。[11] 厚生主義がこうした目標を受け入れられないのであれば、問題は厚生主義にあると、われわれは考えている。厚生主義は不完全なのである。

だが、ここでの目標は、ナッジを使うべき状況や、行動情報を活用したツールを使う適切な範囲をくわしく説明することではない。自律性を尊重すること、社会的厚生を促進することはたしかに重要であるし、こうした考え方は、今回の実証的な発見とおおむね一致する。しかし、これまでに述べてきたように、今回の調査の結果を決定的なものと受け止めるべきではない。逆に、どの政策を採用するかを判断するときには、どのような効果を得られると考えられるか慎重に調べる必要がある。そして、大衆の判断は十分な情報に基づいたものではないおそれがあり、そうした調査に取って代わるものではない。

それでも正直なところ、今回の調査結果には非常に感銘を受けており、重要な点で驚かされた。一般市民の判断は、さまざまな国で自律性と公共の福祉や社会全体の厚生の両方の大切さが直感的に理解されていることを示唆するものである。そのためこの領域では、他の多くの領域がそうであるように、どんな権利章典も、自称政治エリートからトップダウンで押しつけられるものにはならないはずだ。きっと国の文化を支える強力な要素から形づくられていくだろう。場合によっては〝人の心〟から生まれることさえあるかもしれない。

謝辞

この本を書き上げるまでに何年もかかっており、感謝を捧げたい機関や個人がたくさんいる。

ハーバードロースクールの「行動経済学と公共政策」プログラムには資金面で支援をしてもらった。同じく、コペンハーゲンビジネススクールの「責任ある企業統治」クラスター、ドイツ・ツェッペリン大学の消費・市場・政治研究センターにも感謝を伝えたい。さまざまな段階で貴重な議論をする機会を与えてくれたエリック・ポズナー、エルダー・シャフィール、リチャード・セイラー、貴重な研究支援をしてくれたミカ・カイザー、ジュリアス・ローベル、編集協力と研究支援をしてくれたアンドリュー・ハインリッヒに御礼申し上げる。貴重な意見をくれたロジャー・フランツに格別の感謝を送りたい。

また、全国調査データを共有してくれたフランドル地方（ベルギー）、アイルランド、メキシコの協力機関と政府にも謝意を表する。

本書を執筆するにあたっては、世論、行動情報に基づくアプローチに関する一連の研究を活用している。大幅に変更、加筆しているが、以下に示す学術雑誌から許諾を受けられたことに感謝したい。第1章、第2章、第3章 "Do People Like Nudges?," *Administrative Law Review*、第4章 "Do Europeans Like Nudges?," *Judgment and Decision Making* 11, 310 (2016)、第5章 "A

Global Consensus on Nudging? Almost But Not Quite," *Regulation and Governance* 12, 3 (2018)、第6章 "Trusting Nudges? Lessons From An International Survey," *Journal of European Public Policy* (DOI: 10.1080/13501763.2018.1531912)、第8章 "Misconceptions About Nudges," *Journal of Behavioral Economics for Policy* 2, 61 (2018)。

今回の調査結果の一部に関する初期の議論は、Cass R. Sunstein, *The Ethics of Influence* (2016) およびCass R. Sunstein, *Human Agency and Behavioral Economics* (2017) でも報告されている。いずれも一次資料を使用しており、そこに掲載されている二次資料は使っていない。

註釈

●解説

1 ダニエル・カーネマン著、村井章子訳、友野典男解説『ファスト&スロー──あなたの意思はどのように決まるか?』早川書房、２０１２年

2 大竹文雄・平井啓編『医療現場の行動経済学』東洋経済新報社、２０１８年

3 https://www.mhlw.go.jp/stf/newpage_04373.html

●第1章

1 たとえば、以下を全般的に参照。Richard H. Thaler and Cass R. Sunstein, *Nudge: Improving Decisions About Health, Wealth, and Happiness*（2008）（セイラー、サンスティーン共著、遠藤真美訳『実践行動経済学──健康、富、幸福への聡明な選択』日経ＢＰ、２００９年）（大衆の選択は経験の設計を通じて小さな要素に影響されるとし、予測可能な人間心理に関する知識を活用することで、ナッジは人が有益な合理的意思決定をするのを手助けできるとする）; Richard H. Thaler, *Misbehaving: The Making of Behavioral Economics*（2015）（セイラー著、遠藤真美訳『行動経済学の逆襲』早川書房、２０１６年）（保有効果、メンタルアカウンティング、消費、セルフコントロール問題など、行動経済学のさまざまな側面を取り上げ、経済研究の新しい手法を見つけることの重要性を説いている）; David Halpern, *Inside The Nudge Unit: How Small Changes Can Make a Big Difference*（2015）（政策実験である行動洞察チームが、人々を説得するちょっとした工夫であるナッジをどのように開発し、税金、保健医療、犯罪の減少、経済成長の促進に対する解決策を生み出したかを示している）; The World Bank, *World Development Report 2015: Mind, Society, and Behavior*（2015）（人々の選択と行動をターゲットとする政策の再設計に人間心理をどのように活用できるかを示している）, www.worldbank.org/content/dam/Worldbank/Publications/WDR/WDR%202015/WDR-2015-Full-Report.pdf; Pete Lunn, *Regulatory Policy and Behavioral Economics*（2014）（経済協力開発機構〔ＯＥＣＤ〕編著、齋藤長行訳『行動公共政策

――行動経済学の洞察を活用した新たな政策設計』明石書店、２０１６年）（行動情報を活用した政策の変遷、規制の状況、経済的な課題に対する新しいアプローチの発見について報告されている）; Rhys Jones et al., *Changing Behaviours: On The Rise of the Psychological State* (2013)（統治慣習や健康、金融、環境の分野で直面している課題に人間心理を活用する取り組みがどのように発展してきたかを調査している）; Nudge, *Rev. Phil. Psych*. 6, 341–529 (2015)（第3号をナッジのトピックに丸々割いている）; Riccardo Rebonato, *Taking Liberties: A Critical Examination of Libertarian Paternalism* (2012); Mark D. White, *The Manipulation of Choice: Ethics and Libertarian Paternalism* (2013). 定義の問題については論争があること、そして、ここで引用しているさまざまな文献は同じ定義を使っていないことは、われわれも十分に認識している。本書の目的においては標準的な定義を使用するだけでよく、定義をめぐる議論は別の問題である。

2 Thaler, 前掲注1, 309–22を参照。Shlomo Benartzi, *Save More Tomorrow: Practical Behavioral Finance Solutions to Improve 401(K) Plans* (2012)を全般的に参照。

3 Anna Breman, Give More Tomorrow: Two Field Experiments on Altruism and Intertemporal Choice, *J. Pub. Econ*. 95, 1349 (2011).

4 以下を全般的に参照。Halpern, 前掲注1; Lunn, 前掲注1; Jones et al., 前掲注1; Cass R. Sunstein, *Simpler: The Future of Government* (2013)（サンスティーン著、田総恵子訳『シンプルな政府――〝規制〟をいかにデザインするか』NTT出版、２０１７年）; House of Lords, Science and Technology Select Committee, *Behaviour Change* (2011), www.publications.parliament.uk/pa/ld201012/ldselect/ldsctech/179/179.pdf.

5 Halpern, 前掲注1を全般的に参照。

6 Sunstein, 前掲注4を全般的に参照。カロリーのラベル表示が有意な効果をあげていることを示す、ある領域の最近のエビデンスについては、Partha Deb and Carmen Vargas, *Who Benefits from Calorie Labeling? An Analysis of its Effects on Body Mass*, 1–3 (2016) (Nat'l Bureau of Econ. Research, Working Paper No. 21992)を参照。行動情報を活用したアプローチ、ナッジ、クレジットカードについては、Sumit Agarwal et al., *Regulating Consumer Financial Products: Evidence from Credit Cards*, 16–22 (2013) (Nat'l Bureau of Econ. Research, Working Paper No. 19484)を参照。

7 Maya Shankar, *Using Behavioral Science Insights to Make Government More Effective, Simpler, and More People-Friendly*, White House Blog (February 9, 2015, 12:19 PM), www.whitehouse.gov/blog/2015/02/09/using-behavioral-science-

insights-make-government-more-effective-simpler-and-more-us. William J. Congdon and Maya Shankar, The Role of Behavioral Economics in Evidence-Based Policymaking, *The Annals of the American Academy of Political and Social Sciences (AAAPS)* 678, 81–92 (2018). 論文はオンラインで先に発表された。２０１８年６月18日。https://doi.org/10.1177/0002716218766268.

8 Exec. Order No. 13707, 80 Fed. Reg. 56, 365 (Sept. 15, 2015)を参照。

9 The World Bank, 前掲注１を参照。

10 Thaler, 前掲注１, 309–22を参照。

11 以下を全般的に参照。Frank Beckenbach and Walter Kahlenborn, eds., *New Perspectives for Environmental Policies through Behavioral Economics* (2016); Lucia A. Reisch and John Thøgersen, eds., *Handbook of Research on Sustainable Consumption* (2015).

12 Sendhil Mullainathan and Eldar Shafir, *Scarcity: Why Having Too Little Means So Much* (2013)（ムッライナタン、シャフィール共著、大田直子訳『いつも「時間がない」あなたに——欠乏の行動経済学』早川書房、２０１５年）を全般的に参照。

13 Douglas E. Hough, *Irrationality in Health Care: What Behavioral Economics Reveals About What We Do and Why* (2013)を全般的に参照。

14 最も秀逸な議論は、Rebonato, 前掲注１である。以下のさまざまな貢献も参照。Nudge, *Rev. Phil. Psych.* 6, 341–529 (2015); White, 前掲注１; Jeremy Waldron, It's All For Your Own Good, *New York Review of Books* (October 9, 2014), www.nybooks.com/articles/archives/2014/oct/09/cass-sunstein-its-all-your-own-good. 特に次の問いを考えてみてほしい。「これよりもさらに深いのは、尊厳に関する厄介な懸念である。みずからの意思に基づく行動には、たとえそれが誤っていて見当違いであることが多いとしても、自尊心がある。私たちの選択の多くが、誰か他の人が私たちの最善の利益であると（おそらくは正しく）みなすものを促進するように操作されているときには、その自尊心はどうなってしまうのだろう」。同上４。この疑問については第７章で触れる。

15 T. M. Wilkinson, Nudging and Manipulation, *Pol. Stud.* 61, 341, 354 (2013).

16 Louis Kaplow and Steven Shavell, *Fairness Versus Welfare* 7-8 (2006)を参照。

17 *Perspectives on Framing* (Gideon Keren, ed., 2010)を全般的に参照。

18 Shane Frederick, Measuring Intergenerational Time Preference: Are Future Lives Valued Less?, *J. Risk and Uncertainty*

256, 39, 40 (2003)（人命問題に関する人々の選好はフレーミングに左右されることを示している)を参照。

19 Maureen L. Cropper et al., Preferences for Life Saving Programs: How the Public Discounts Time and Age, *J. Risk and Uncertainty* 8, 243, 258–59 (1994)（大半の調査回答者は平均余命だけに基づいて判断していないが、命を救われる高齢者に対する若者や子どもの比率が上がるにつれて、若い人の命を救うと判断する人の割合も高くなることを説明している)を参照。

20 ここでは利益団体の力学や連合形成に関する疑問をひとまず括弧にくくっている。こうしたことによって政治家や官僚の判断が複雑なものになりうるのはいうまでもない。政治家は中位投票者の意見だけでなく、再選に影響する数多くのことに関心がある。そしてもちろん、この点に関しては立法部門と行政部門には重要な違いがあり、行政部門にはテクノクラート(科学者・技術者出身の官僚)の判断が入る「余地」が大きいことが多い。

●第2章

1 特に Janice Jung and Barbara Mellers, American Attitudes Towards Nudges, *Judgement and Decision Making* 11, 62 (2016) の中で、次のナッジが操作的であるとして拒否されることが明らかになっている。「車道の白線の幅を徐々に狭くしていくことで自動車が加速しているように錯覚させて、スピードを出しすぎないようにする」。同上66。このナッジは操作と欺瞞の境界線上にあると受け止められるため、サブリミナル広告と同じカテゴリーに入るとみなされるかもしれない。

2 もちろん、ナッジの結果に関する情報が与えられると、一部の人の反応が変わるかもしれず、おそらくすべてが考慮された厚生評価から導かれる方向に変化するだろう。そうであるとしたら、そのような変化は、「ナッジによって促進されることになる目的に関する判断を反映するものにすぎない」とする、ここでの全体的な主張と一致する。たとえば、遺伝子組み換え食品(GMO)の使用を開示することを義務づけても、有用な情報が提供されず、人々の判断を誤らせかねないのであれば、開示義務に対する支持は下がるかもしれない。この疑問についてはこの後の章で取り上げる。

3 Cigarette Package and Advertising Warnings: Required Warnings, 21 C.F.R. § 1141.10 (2015)を参照。

4 パッケージへの画像警告の表示を義務づけるアメリカ食品医薬品局(FDA)の取り組みについては、R.J. Reynolds *Tobacco Co. v. FDA*, 823 F. Supp. 2d 36 (D.D.C. 2011), *aff'd on other grounds*, 696 F.3d 1205 (D.C. Cir. 2012)を参照。

5 関連する法律と政策に関する議論については、*Automatic: Changing the Way America Saves* (William G. Gale et al., eds.,

2009)を全般的に参照。

6 ただし、カロリー表示については共和党支持層(賛成率77%)と民主党支持層(賛成率92%)・無党派層(賛成率88%)との間に統計的に有意な差があった。

7 ここでも、両方の政策については民主党支持層と共和党支持層との間に、また、推奨については民主党支持層と無党派層との間に統計的に有意な差があった(推奨の賛成率:民主党支持層88%、共和党支持層73%、無党派層75%。命令の賛成率:民主党支持層78%、共和党支持層 62%、無党派層 67%)。

8 各パーセント値は端数処理されているため、合計が100にならないことがある。

9 Anne N. Thorndike et al., Traffic-Light Labels and Choice Architecture: Promoting Healthy Food Choices, *Am. J. Preventive Med.* 46, 143, 143–44 (2014)を参照。

10 Cass R. Sunstein and Lucia A. Reisch, Automatically Green: Behavioral Economics and Environmental Protection, *Harv. Envtl. L. Rev.* 38, 127, 134–35 (2014)を参照。

11 この問題の難しさについては、同上155–57を参照。

12 この後で論じる別の研究では、人々が臓器提供すると推定するという趣旨のデフォルトルール(オプトアウト方式)を大半のアメリカ人が拒否している。William Hagman et al., Public Views on Policies Involving Nudges, *Rev. Phil. and Psychol.* 6, 439, 446 (2015).

13 各パーセント値は端数処理されているため、合計が100にならないことがある。

14 *Craig v. Boren*, 429 US 190, 200–4 (1976)(オクラホマ州法は、18歳を超えている女性がアルコール度数3・2%のビールを買うことは許されるが、21歳未満の男性は同じビールを買うことを禁じられており、「18～20歳の男性が不当に差別されている」としている)を参照。このトピック全般に関する有益な議論については、Elizabeth F. Emens, Changing Name Changing: Framing Rules and the Future of Marital Names, *U. Chi. L. Rev.* 74, 761, 772–74 (2007)を参照。

15 理論上では、この問題が最も興味深くなるのは、このデフォルトルールが現実に沿っている地域だろう。大半の人が実際に民主党支持者であるとすると、市や州が人々を民主党支持者として登録することを前提とするのは明らかに好ましくないのだろうか。答えはほぼ確実に「イエス」である。支持政党は能動的に選択されるべきであって、政府が前提とするべきものではない。この原則(「選挙区の有権者の80%が民主党支持であれば、すべての有権者が民主党支持者として登録してほしいと思っているという前提は受け入れられないだろう」)にはほぼ間違いなく憲法上の基礎がある(ただしテストされてはいない)。しかし、この短いコメントでは、多数派の選好と価値観に沿った「マス」デフォルトルールの使用に関する複雑な問題に十分な答えはとうてい示せない。議論については、Cass R. Sunstein, *Choosing Not To Choose: Understanding the Value of Choice* 77 (2015)を参照。

16 ここでも、デフォルトルールが現実に沿っている場合には、興味深い問いを思い描くことができる。ある市や州の大半の人がキリスト教信者だとすると、国勢調査で大半の人がキリスト教信者であると前提してオプトアウトの選択肢を与えることは明らかに正当ではないのだろうか。しかし、政治と同様、宗教についても、公的な中立性を支持する強力な社会的・憲法的規範があり、たとえ特定のデフォルトが多数派の選好と価値観を反映したものであったとしても、規範に反することになる。

17 各パーセント値は端数処理されているため、合計が100にならないことがある。

◉第3章

1 もちろん、宗教や政党の偏向が幅広い支持を集める国があるだろうことは想像がつく。結婚時に女性の姓を夫の姓に変えるデフォルトルールに似たものとみなされるかもしれない(このルールは今回の調査回答者の過半数が賛成していることが思い出される)。そうした国では、最も人気のある政党や支配的な宗教を優遇するナッジは、人々の選好と価値観に沿ったものであり、中立性という支配的概念にはまったく反しないと受け止められるかもしれない。

2 ここでも、こうした結果を覆すと思われる集団は容易に想像がつくだろう。妻が夫の姓に変えることを自動的に前提するのは性の平等を損なうものであり、夫が妻の姓に変えることを自動的に前提するのは性の平等を促進するものだと考えている人がいるとしよう。こうした考えをもち、性の平等を強く支持する人たちは、多数派の意見を覆したいと思うかもしれない。

3 ただし、貯蓄のデフォルトルールは重要な点でグリーンエネルギーのデフォルトルールとは違っていることに注意する必要がある。前者は選択者の利益になるために採用されている。手取りの給与として受け取るはずのお金が貯蓄に回るので、選択者は差し引きでは何も失わない(老後の資金も貯まる)。後者は集合行為問題を解決するのに役立つために採用されている。グリーンエネルギーのデフォルトルールについては、グリーンエネルギーの使用料金を支払わなければいけないかどうかは質問文では示されていなかった。当然ながら、使用料金を支払うことになれば、オプトアウトする人が増えるだろう。Simon Hedlin and Cass R. Sunstein, *Does Active Choosing Promote Green Energy Use? Experimental Evidence* (Mossavar-Rahmani Ctr. for Bus. and Gov't Reg. Pol'y Program,

Working Paper RPP-2015-13, 2015)を参照。

4 もっとも、こうした発見にはあいまいな部分がある。回答者は(a)自分の利益や価値観と一致しないナッジを拒否しているのか、それとも(b)大半の選択者の利益や価値観と一致しないナッジを拒否しているのか。この疑問については、今回の調査結果は明確なテストとはならない。回答者がナッジを拒否するときには、自分の利益や価値観と一致しないナッジは、大半の選択者の利益や価値観とも一致しないと考えているだろう。(a)と(b)のどちらかを選べるようにする質問をすることは興味深いし、それは可能だろう。ここでは、ナッジが「あなた」を対象にしていると伝えられるときには、「一般の人々」を対象にしていると伝えられるときよりも、ナッジを支持する傾向が弱くなるという重要な発見を考えてみてほしい。James F. M. Cornwell and David H. Krantz, Public Policy for Thee, But Not for Me: Varying the Grammatical Person of Public Policy Justifications Influences Their Support, *Judgement and Decision Making* 5, 433 (2014). われわれの研究は「一般の人々」のフレームを暗に前提としている。

5 この原則が発動されるかどうかは、権原理論に基づいて決まる。「損失」に関するどの説明もこの理論がもとになる。ここでの疑問では、その問題は特に複雑だというわけではない。あるデフォルトルールの下で指定された慈善団体にお金を与えなければいけないのであれば(オプトアウト選択可)、損失を課すことになる。しかし、もっと難しいケースも想像できる。損失と利得が自明ではなく、フレーミングの影響を受けるかもしれない社会保障制度の調整がその例である。

6 Jung and Mellers, 前掲注第2章1, 66–68 (目の錯覚を利用して高速道路の安全性を高める取り組みは広く反対されるという結果が出ている)を参照。

7 調査の内容と結果を入手したい場合は、筆者らに連絡されたい。この調査では「中絶を行う前に、妊婦が胎児の超音波写真を見て、心音を聞くことを州が義務づける」ことに賛成か反対か答えてもらった。興味深いことに、無党派層は約3分の1しか賛成しておらず、民主党支持層とほぼ同じだった。

8 同上を参照。

9 David Tannenbaum et al., On the Misplaced Politics of Behavioural Policy Interventions, *Nature Human Behaviour* 1 (0130) (2017), at 1–7 (強力な行動科学の知見を使えば、デフォルトオプションに引き寄せられる傾向に対処できることを示唆している).

10 同上。

11 同上1。

●第4章

1 たとえば、Seymour Martin Lipset, *American Exceptionalism* (1997)を参照。

2 この章の以前の版は、Lucia A. Reisch and Cass R. Sunstein (2016), Do Europeans Like Nudges? *JJDM* 11(4), 310–25として出版されている。Caezilia Loibl, Cass R. Sunstein, Julius Rauber and Lucia A. Reisch (2018), Which Europeans like nudges? Approval and Controversy in Four European Countries. *Journal of Consumer Affairs*, 52(3), 655–688 (同じデータセットのより深い分析について)も参照。

3 カイ2乗検定を行ったところ、15のナッジのうち14でこの二つの国グループの間に有意な差があった。

4 David Halpern, *Inside the Nudge Unit: How Small Changes Can Make a Big Difference* (2015)を参照。

5 Organisation for Economic Co-operation and Development, *Confidence in Social Institutions. Society at a Glance 2011: OECD Social Indicators* (2011)を参照。OECDの国の制度に対する信頼度指数はギャラップ世界世論調査に基づいている。同調査では、軍事、司法、国家政府への信頼について質問される。トランスペアレンシー・インターナショナル(国際透明性機構)腐敗認識指数(www.transparency.org/country/HUN)も参照。

6 同上を参照。

7 Organisation for Economic Co-operation and Development (OECD) (2011), Voting. *In Society at a Glance 2011: OECD Social Indicators*. http://dx.doi.org/10.1787/soc_glance-2011-29-enを参照。ところが、イギリスとフランスの投票率はハンガリーよりもさらに低い。

8 関連する発見については、David Tannenbaum et al., On the Misplaced Politics of Behavioural Policy Interventions, *Nature Human Behaviour 1*(0130) (2017)を参照。

9 EU European Commission, *Public Opinion in the European Union.* Standard Eurobarometer No. 83. Brussels: EC (2014)を参照。また、Organisation for Economic Co-operation and Development, Confidence in Social Institutions. *In Society at a Glance 2011: OECD Social Indicators* (2011)も参照。

10 www.altinget.dk/artikel/historisk-faa-danskere-stoler-paa-politikerne?ref=newsletter&refid=17813&SNSubscribed=true&utm_source=Nyhedsbrev&utm_medium=email&utm_campaign=altingetdk.

●第5章

1 インドは、使用されている言語の数が多いこと、さまざまな地域とマイノリティをとらえるために必要なサンプルサイズが大きいこと、インターネットの普及率が意外と低いことから、残念ながらこのオンライン調査ではカバーできなかった。

2 以下を参照。Vipin Gupta et al., Cultural Clusters: Methodology and Findings, *J. World Bus.* 37(1) (2002), 11–5; Robert J. House et al., Culture, *Leadership, and Organization: The GLOBE Study of 62 Societies* (2004); Robert J. House et al., *Strategic Leadership Across Cultures: The GLOBE Study of CEO Leadership Behaviour and Effectiveness in 24 Countries* (2014). カルチュラルスタディーズでは通常、10の「文化クラスター」が使用されており（GLOBE調査であるHouse et al., 2014など）、南アジア、アングロ、アラブ／中東、ゲルマン系ヨーロッパ、ラテン系ヨーロッパ、東欧、アジア儒教国、ラテンアメリカ、サハラ以南アフリカ、北欧である。2015年に収集されたヨーロッパのデータと合わせると（第4章参照）、二つ（「南アジア」「中東」）を除くすべてのクラスターをカバーしている。

3 www.internetlivestats.com/internet-users-by-country/.

4 この章の以前の版は、Cass R. Sunstein, Lucia A. Reisch and Julius Rauber, A Worldwide Consensus on Nudging? Not Quite, But Almost, *Regulation and Governance* 12(1), 3–22, doi:10.1111/rego.12161として出版されている。

5 質問票の全文と、社会人口学的変数、政治的態度に関する完全な情報は、Sunstein et al., 前掲注4, 17–22で確認できる。

6 注意フィルター1（ナッジ7の後）：「これは注意フィルターです。この先に進むには、「3」をクリックしてください」。注意フィルター2（ナッジ15の後）：「これは注意フィルターです。この先に進むには、「承認」をクリックしてください」。「3」と「承認」の順番は入れ替わる。

7 この二つのアプローチの違いはごくわずかだった。賛成率については、重み付きサンプルと重みなしサンプルとの差が最も大きいのが、日本の「健康によい食品の陳列場所」ナッジで、差異は5%ポイントである（賛成率は重み付きサンプルが47%、重みなしサンプルが42%）。他のすべてのナッジについては、すべての国の重み付きサンプルと重みなしサンプルとの間の最大偏差は3%ポイントである。マルチレベル分析の有意な係数については（表5・1）、重み付きサンプルと重みなしサンプルとの間で違いが見られたのは二つだけだった。列1の年齢係数は重みなしサンプルを使うと有意ではなくなり、「正規教育年数」の係数は重みなしサンプルを使うと有意ではなくなる。

8 ただし、ナッジ12（「連邦政府が映画館に対して、喫煙と過食をやめさせるための啓発メッセージを上映することを義務づける」）は、この調査ではナッジクラスター1（「純粋な政府のキャンペーン」）からナッジクラスター2（「義務づけ型の情報提供ナッジ」）に移っている。

この変更は、ヨーロッパの研究（第４章）に関して説得力があると判断された調査結果を受けたものである。統計が示すように、ヨーロッパ研究の結果はこの調査と（完全ではないが）おおむね比較可能である。

9 行動科学の知見に基づく介入の事例がいくつかある。モスクワタイムズ紙によると、ロシアは２０１７年に食品の「交通信号」ラベル表示の導入を計画していた。ブラジルは１９９７年に運転免許取得時に臓器提供をするかどうかを選択することを義務づける法律を定めたが、１９９８年に撤回された（http://news.bbc.co.uk/1/hi/health/7733190.stm）。

10 以下を参照。OECD, "Confidence in National Government in 2014 and its Change since 2007" in *Government at a Glance* 2015 (2015); OECD, *Trust and Public Policy: How Better Governance Can Help Rebuild Public Trust* (2017).

11 www.oecd.org/gov/GAAG2013_CFS_JPN.pdf.

12 以下を参照。OECD, "Confidence in National Government in 2014 and its Change Since 2007" in *Government at a Glance* 2015 (2015); OECD, *Trust and Public Policy: How Better Governance Can Help Rebuild Public Trust* (2017).

13 「中国人は自国政府が一握りの特権階級のためではなく、国民の利益のために行動していると感じているため、政府に対する信頼は着実に上がっている」。www.quora.com/Do-Chinese-citizens-trust-their-government (accessed February 20, 2017). Pew Research Center, Global Attitudes and Trends (www.pewglobal.org/2013/05/23/chapter-1-national-and-economic-conditions/)も参照。エデルマン・トラストバロメーターによると、２０１８年も政府に対する信頼度は上がった。その結果、中国の政府に対する信頼度は世界でもトップレベルにある（www.forbes.com/sites/niallmccarthy/2018/01/22/the-countries-that-trust-their-government-most-and-least-infographic/#1ab14f79777a）。もちろん、自由でも民主的でもない国ではこうした結果を信頼できない可能性は排除されない。10年前のものではあるが、この現象に関する潜在的な理由や学術的な議論については、Zhengxu Wang, Before the Emergence of Critical Citizens: Economic Development and Political Trust in China, *Intl. Rev. of Soc.* 15, 155 (2005)を参照。

14 www.aclu.org/blog/free-future/chinas-nightmarish-citizen-scores-are-warning-americans.

15 Timur Kuran, *Private Truths, Public Lies: The Social Consequences of Preference Falsification* (1995)を参照。

16 OECD, "Confidence in National Government in 2014 and its Change since 2007," *Government at a Glance* 2015 (2015)を参照。

第6章

1 この章の以前の版は、Cass R. Sunstein, Lucia A. Reisch and Micha Kaiser (forthcoming), Trusting Nudges? Lessons from An International Survey, *Journal of European Public Policy*, www.tandfonline.com/doi/full/10.1080.13501763.2018.1531912として出版された。

2 このデータは、われわれの調査手順に従ってフランドル政府から提供された。フランドル地方の結果については、Veerle Beyst and Kristof Rubens (2018), *Wordt "nudging" in het beleid aanvaard in Vlaanderen?*, VTOM 2018/4, pp. 53–65を参照。

3 Ronald Inglehart et al. (eds.), *World Values Survey: Round Six—Country-Pooled* (2014)を参照。データファイルバージョン: www.worldvaluessurvey.org/WVSDocumentationWV6.jsp. 社会的信頼は、世界価値観調査(WVS)の質問(「ほとんどの人は信頼できるといえますか」「以下に示すさまざまなグループの人たちをどれくらい信頼していますか」)を使って測定した。

4 たとえば、以下などがある。A. Franzen and D. Vogl, 2013, Two Decades of Measuring Environmental Attitudes: A Comparative Analysis of 33 Countries, *Global Environmental Change* 23(5), 1001–8; Wouter Poortinga, Linda Steg, and Charles Vlek (2004), Values, Environmental Concern, and Environmental Behavior: A Study into Household Energy Use, *Environment and Behavior* 36(1), 70–93.

5 「あなたはどれくらい環境を心配していますか」と質問して測定したもの。

6 ただし、この調査の狙いは、法律や税金、行動科学の知見を活用したナッジなどの政策ツールの賛成率や、利得や損失などナッジのフレーミングによる違いを比較することではない。それについては他の研究が行っている。

7 J. Bhawra, J. L. Reid, and C. M. White et al. (2018), Are Young Canadians Supportive of Proposed Nutrition Policies and Regulations? An Overview of Policy Support and the Impact of Socio-demographic Factors on Public Opinion, *Canadian Journal of Public Health*.

8 フランドル地方のサンプリングと調査に同じアプローチをとり、質のレベルを確保するために、今回の調査の進め方を定めた標準作業手順書を作成した(その後のメキシコの研究にも適用した)。手順書を入手したい場合は、筆者らに連絡されたい。

9 www.qualtrics.com.

10 Appendix A1 and A2 respectively in Cass R. Sunstein, Lucia A. Reisch and Micha Kaiser (forthcoming), *Trusting*

Nudges?, 前掲注1を参照。

11 Peter John, *How Far to Nudge? Assessing Behavioural Public Policy* (2018)を参照。

12 たとえば、OECD, *Behavioural Insights and Public Policy: Lessons from Around the World* (2018)を参照。Xavier Troussard and René van Bavel, How Can Behavioural Insights be Used to Improve EU Policy?, *Intereconomics* 53, 8 (2018)も参照。

13 たとえば、以下を参照。Laura Haynes et al., *Test, Learn, Adapt: Developing Public Policy with Randomised Controlled Trials*. Cabinet Office Behavioural Insights Team (2014); Joana Sousa Lourenco, Emanuele Ciriolo, Sara Rafael Rodrigues Vieira de Almeida and Xavier Troussard, *Behavioural Insights Applied to Policy*. Report No. EUR 27726 EN (2016).

●第7章

1 Daniel Kahneman, *Thinking, Fast and Slow* (2011)（カーネマン著、村井章子訳、友野典男解説『ファスト&スロー——あなたの意思はどのように決まるか？』早川書房、２０１２年）を参照。二つのシステムという考え方は議論を呼んでおり、この考え方はいったい何を意味するものであるのかを問うのが妥当である。たとえば、二つのシステムとは大きく異なるものが、E. A. Phelps et al., Emotion and Decision Making: Multiple Modulatory Neural Circuits, *Ann. Rev of Neuroscience* 263, 37 (2014)で提示されている。カーネマンに従って、この考え方は役に立つフィクションであって、「相互作用する側面や部分で構成された一つのまとまりという標準的な意味でのシステム」をさすものではないと理解している。Kahneman, 前掲書, 29. この用語に否定的な人や懐疑的な人にとっては、単純に非教育的ナッジと教育的ナッジを区別して、今回の調査は人々がどんなときにどちらを選好するかを問うものととらえるといいかもしれない。

2 Daniel Kahneman and Shane Frederick, Representativeness Revisited: Attribute Substitution in Intuitive Judgment, in *Heuristics and Biases: The Psychology of Intuitive Judgement* 49, 51 (Thomas Gilovich et al., eds., 2002).

3 Eric Johnson et al., Can Consumers Make Affordable Care Affordable? The Value of Choice Architecture, *PLOS One* 8, 1 (2013)を参照。

4 Tali Sharot, *The Optimistic Bias* (2011)を参照。

5 強力な実証については、Daniel L. Chen et al., Decision-Making under the Gambler's Fallacy: Evidence from Asylum Judges,

Loan Officers, and Baseball Umpires, *The Quarterly J. Econ.* 131, 1181 (2016)を参照。

6 Ralph Hertwig, When to Consider Boosting: Some Rules for Policymakers, *Behavioural Public Policy* 1, 143 (2017).

7 Eran Dayan and Maya Bar-Hillel, Nudge to Nobesity II: Menu Positions Influence Food Orders, *Judgement and Decision Making* 6, 333 (2011); Daniel R. Feenberg et al., *It's Good to be First: Order Bias in Reading and Citing*, NBER Working Papers (Working Paper No. 21141) (2015), www.nber.org/papers/w21141.

8 Jeremy Waldron, It's All For Your Own Good, *NY Rev of Books* (2014), www.nybooks.com/articles/archives/2014/oct/09/cass-sunstein-its-all-your-own-good/を参照。

9 設計が異なる別のいくつかの研究がこの疑問を探っている。以下を参照。Gidon Felsen et al., Decisional Enhancement and Autonomy: Public Attitudes Toward Overt and Covert Nudges, Judgement and Decision Making 8, 203 (2012)（雇用の見通しに関する人々の態度をテストし、システム2のナッジがおおむね高い水準で支持されていることが明らかになっている）; Janice Jung and Barbara Mellers, American Attitudes Toward Nudges, *Judgement and Decision Making* 11, 62 (2016)（有界な尺度では、システム2のナッジが全体として選好されることが明らかになっている）; Ayala Arad and Ariel Rubinstein, The People's Perspective on Libertarian Paternalistic Policies, *J. Law and Economics* 61(2), 311–333 (2018)（システム1のナッジに対する「リアクタンス(自由を阻害されると反発する心理)」、システム2のナッジを選好する傾向を示すエビデンスが見つかっている）. 今回の発見はこうした既存の研究の発見と大まかに一致している。

10 節水の例はJanice Jung and Barbara Mellers, American Attitudes Toward Nudges, *Judgement and Decision Making* 11, 62 (2016)から拝借している。

11 たとえば、以下を参照。Christine Jolls, Product Warnings, Debiasing, and Free Speech: The Case of Tobacco Regulation, *J. Institutional and Theoretical Econ.* 53, 169 (2013); Raj Chetty et al., *Active vs. Passive Decisions and Crowd out in Retirement Savings Accounts: Evidence from Denmark* (Working Paper No. 18565) (2012), www.nber.org/papers/w18565; Felix Ebeling and Sebastian Lotz, Domestic Uptake of Green Energy Promoted by Opt-Out Tariffs, *Nature Climate Change* 5, 868 (2015).

12 民主党支持層163人、共和党支持層142人、無党派層125人。

13 民主党支持層163人、共和党支持層142人、無党派層125人。

14 民主党支持層１６５人、共和党支持層１３８人、無党派層１３２人。

15 民主党支持層１６９人、共和党支持層１３１人、無党派層１３３人。

16 各質問についてカイ2乗分析を使用、両側検定、有意水準０・０５。

17 この分野が除外されたのは、大きな論争を呼んでいること、被験者内調査でどれくらいのことが新たに明らかになるかがわからないことによる。

18 厚生主義アプローチは、Ryan Bubb and Richard Pildes, How Behavioral Economics Trims Its Sails and Why, *Harv. L. Rev.* 127, 1593 (2014)で使用されている。

19 システム1のナッジを採用すると、人々がそれに反感をもって厚生損失が発生するのであれば、その損失も当然含まなければいけないだろう。Sarah Conly, *Against Autonomy* (2012), at 156–59を参照(ソーダ規制の厚生効果が列挙されている)。

20 Nicholas Cornell, A Third Theory of Paternalism, *Mich. L. Rev.* 113, 1295 (2015)（パターナリズムは個人を尊重しないとしている)を参照。

21 同上。強力な反論がConly, 前掲注19にあり、政府が人々の能力を正しく理解して行動するのは尊大ではないとしている。

22 Cass R. Sunstein, *The Cost–Benefit Revolution* (2018)を参照。

●第8章

1 Friedrich Hayek, The Use of Knowledge in Society, *Am. Econ. Rev.* 35, 519 (1945)（ハイエク著、嘉治元郎、嘉治佐代訳「社会における知識の利用」ハイエク全集第1—3巻、春秋社、２００８年に収録）.

2 Friedrich Hayek, *The Road to Serfdom* 88 (1943)（ハイエク著、村井章子訳『隷従への道』日経ＢＰ、２０１６年）.

3 Shlomo Benartzi et al., Should Governments Invest More in Nudging?, *Psychol. Sci.* 28, 1041 (2017).

4 Edward Glaeser, Paternalism and Policy, *U. Chi. L. Rev.* 73, 133 (2006).

5 Hendrick Bruns et al., Can Nudges Be Transparent and Yet Effective?, *Journal of Economic Psychology* (2018); George Loewenstein, Warning: You Are About to be Nudged. *Behavioral Sci. and Pol'y*, 1, 35 (2015).

6 Craig McKenzie et al., Recommendations Implicit in Policy Defaults, *Psychol.* Sci. 17, 414 (2006).

7 Anne Barnhill, What is Manipulation?, *Manipulation: Theory and Practice* 50, 72 (Christian Coons and Michael Weber, eds., 2014). バーンヒル自身の説明はもっとわかりにくい。

8 Ricardo Rebonato, *Taking Liberties* (2012).

9 最も奇妙な主張はある心理学者のものである。「教育ではなくナッジに関心が向いていることは、ナッジが生まれた特定の政治的背景に照らして理解するべきである。アメリカでは啓発システムは失敗だと広く考えられており、読み書きがほとんどできない大衆の大部分を導く方法を見つけようと政府は懸命に努力している。しかし、この状況はどこにでもあてはまるわけではない」。Gerd Gigerenzer, On the Supposed Evidence for Libertarian Paternalism, *Rev. Phil. and Psychol.* 3, 361 (2016). われわれはコメントはしないが、アメリカで政治家や官僚が「読み書きがほとんどできない大衆の大部分を導く方法を見つけようと」懸命に努力しているか、少しでも努力しているか、かつて努力していたということは把握していないと言い添えておく。

10 Richard Thaler, Much Ado About Nudging, *Behavioral Public Policy Blog* (2017), https://bppblog.com/2017/06/02/much-ado-about-nudging/.

11 Shlomo Benartzi, et al., Should Governments Invest More in Nudging?, *Psychological Science* 28, 1041 (2017).

12 Sumit Agarwal et al., *Regulating Consumer Financial Products: Evidence from Credit Card.* Work. Pap., NBER (2013).

13 Raj Chetty et al., Active vs. Passive Decisions and Crowdout in Retirement Savings Accounts: Evidence from Denmark, www.nber.org/papers/w18565 (2012); Richard Thaler, Much Ado About Nudging., *Behavioral Public Policy Blog*, https://bppblog.com/2017/06/02/much-ado-about-nudging/ (2017).

14 Felix Ebeling and Sebastian Lotz, Domestic Uptake of Green Energy Promoted by Opt-Out Tariffs, *Nature Climate Change* 5, 868 (2015), doi: 10.1038/nclimate2681; Daniel Pichert and Konstantinos Katsikopoulos, Green Defaults: Information Presentation and Pro-environmental Behaviour, *Journal of Environmental Psychology* 28, 63 (2008).

●第9章

1 2017 and Later Model Year Light-Duty Vehicle Greenhouse Gas Emissions and Corporate Average Fuel Economy Standards, Final Rule, 77 Fed. Reg. 62624, 63114, (2012), www.gpo.gov/fdsys/pkg/FR-2012-10-15/pdf/2012-21972.pdfを

参照。

2 Light-Duty Vehicle Greenhouse Gas Emission Standards and Corporate Average Fuel Economy Standards; Final Rule, Part II, 75 Fed. Reg. 25, 324, 25, 510–11 (May 7, 2010), www.gpo.gov/fdsys/pkg/FR-2010-05-07/pdf/2010-8159.pdfを参照。ドナルド・トランプ大統領の指示を受けてEPAはこの分析を見直すとしており、消費者の節約をどう考えるかについてパブリックコメントを募集した。

3 数々の示唆に富む処置については、*Manipulation* (Christian Coons and Michael Webster, eds., 2014)を参照。

4 Jonathan Baron, A Welfarist Approach to Manipulation, *Journal of Marketing Behavior* 1, 283 (2016)を参照。

5 関連する議論については、Jon Elster, *Sour Grapes* (1983)を参照。

6 さまざまな行動科学の知見が示されている秀逸な論文集に、*Addiction and Choice* (Nick Heather and Gabriel Segal, eds., 2017)がある。

7 *Utilitarism and Beyond* (Amartya Sen and Bernard Williams et al., 1982)を参照。

8 有益な議論は、Paul Dolan, *Happiness by Design* (2016)である。

9 Matthew Adler, *Welfare and Fair Distribution* (2011)を参照。

10 詳細な議論については、Cass R. Sunstein, *The Cost–Benefit Revolution* (2018)を参照。

11 Adler, 前掲注9を参照。

[著者]

キャス・サンスティーン Cass R. Sunstein

ハーバード大学教授。ノーベル経済学賞を受賞したリチャード・セイラー教授との共著『実践行動経済学：健康、富、幸福への聡明な選択』（日経BP、原題「Nudge」）の出版によってナッジの提唱者として知られる。オバマ政権では行政管理予算局情報・規制問題室（OIRA）室長として2009年から2012年まで働き、アメリカの政策にナッジを活用した。研究分野は種々の法制度から行動経済学まで幅広い。著書には、上記の共著のほか、『シンプルな政府："規制"をいかにデザインするか』（NTT出版）、『#リパブリック：インターネットは民主主義になにをもたらすのか』『命の価値: 規制国家に人間味を』（以上、勁草書房）、『スター・ウォーズによると世界は』（早川書房）など多数がある。

ルチア・ライシュ Lucia A. Reisch

コペンハーゲン・ビジネススクール教授。専門は行動経済学。消費者政策と健康政策に関わる行動経済学的研究で非常に多くの実績をあげ、ドイツの政策に様々なアドバイスをしている。

[監修・解説者]

大竹文雄（おおたけ・ふみお）

1961年京都府生まれ。1983年京都大学経済学部卒業、1985年大阪大学大学院経済学研究科博士前期課程修了、1996年大阪大学博士（経済学）。大阪大学社会経済研究所教授などを経て、大阪大学大学院経済学研究科教授。専攻は行動経済学、労働経済学。著書には、『日本の不平等：格差社会の幻想と未来』（日本経済新聞社、サントリー学芸賞、日経・経済図書文化賞、エコノミスト賞受賞）、『行動経済学の使い方』（岩波書店）、『競争と公平感：市場経済の本当のメリット』『経済学的思考のセンス：お金がない人を助けるには』（以上、中央公論新社）など多数がある。

[訳者]

遠藤真美（えんどう・まさみ）

翻訳家。主な訳書に『実践行動経済学：健康、富、幸福への聡明な選択』『市場リスク暴落は必然か』（以上、日経BP）、『ラディカル・マーケット 脱・私有財産の世紀』（東洋経済新報社）、『行動経済学の逆襲』（早川書房）、『50 いまの経済をつくったモノ』（日本経済新聞出版社）などがある。

TRUSTING NUDGES

データで見る行動経済学

全世界大規模調査で見えてきた「ナッジ(NUDGES)の真実」

2020年4月20日　第1版　第1刷発行

著　者　キャス・サンスティーン+ルチア・ライシュ
監修・解説者　大竹文雄
訳　者　遠藤真美
発行者　村上広樹
発　行　日経BP
発　売　日経BPマーケティング
〒105-8308　東京都港区虎ノ門4-3-12
https://www.nikkeibp.co.jp/books/

デザイン　竹内雄二
制　作　一企画
編　集　宮本沙織
印刷・製本　中央精版印刷株式会社

本書籍に関するお問い合わせ、ご連絡は下記にて承ります。
https://nkbp.jp/booksQA

ISBN978-4-8222-8883-9 Printed in Japan